ホットクックだからおいしい！
絶品レシピ
150

手動キーも使いこなしてオリジナルの味を作る！

牛尾理恵

JN108512

文化出版局

ホットクックは毎日の料理作りに大活躍！

1 ほったらかしで極上の煮物や煮込みが味わえます。
（p.8〜47）

焦げつきやすい、煮込みやシチューもほったらかしで失敗なく、おいしく作れます。ホットクックに食材と調味料を入れるだけ。「まぜ技ユニット」をつければ、メニューの食材の量や加熱の進行に合わせ、均一に火が通るように自動でかきまぜてくれます。

煮魚は、鍋で作ると身くずれしたり、煮上がりのタイミングを見計らったりとコンロにつきっきり。ホットクックならそんな手間いらずでまかせっぱなしでOKです。忙しい人や料理が苦手な人にも、おすすめ。

2 低温調理も得意技。赤身肉や鶏むね肉がしっとりやわらかに。
（p.48〜55）

低温調理は厚い肉はジューシーに、魚はしっとりにと感激の仕上がりです。耐熱のジッパーつきの密封袋に食材を入れ、ホットクックに水と一緒に入れるだけ。洗い物も少なくてすみ、あとかたづけもらくちんです。ローストビーフやサラダチキン、ツナなど、お酒にぴったりのメニューが登場します。

3 まるでかまど炊き！炊飯器いらずの優れものです。
（p.56〜65）

予約調理もできるので、食べたい時間（12時間前後）にいつでも炊きたてのごはんが食べられます。どんぶり物のほか、炊き込みごはん、ピラフ、リゾットなども紹介しています。
※炊き込みごはん、ピラフなどの具入りのメニューは予約できません。

料理の仕上がりを決める、火加減や、まぜ加減、加熱時間などを自動で調整してくれるので、失敗知らずで誰でも安全に作れます。

ホットクックだからおいしい

4

洗い物も手間も激減！この1台でめん料理が完成です。
（p.66〜69）

ホットクックひとつで、ゆでる、炒める調理をこなします。人気のパスタのほか、パッタイ、チャプチェまで。

ホットクックだからおいしい

5

めんどうな豆料理がめんどうじゃなくなります。
（p.70〜73）

時間のかかる豆の下ゆでも、ホットクックならほったらかしでいいので安心です。大豆、ひよこ豆のゆで方に加えて、それぞれの楽しいアレンジ料理もとりそろえました。

ホットクックだからおいしい

6

蒸せば野菜のうまみがぎゅっと濃縮。栄養も逃しません。
（p.74〜81）

付属の蒸しトレイ（蒸し板）に野菜をのせ、ホットクックに水と一緒に入れるだけ。ほくほくに蒸し上がり、素材のおいしさがぎゅっと凝縮されます。じゃがいも、さつまいも、かぼちゃ、とうもろこしを紹介。
※蒸しトレイに入る食材は5cm以下。

ホットクックだからおいしい

7

温度管理の難しい発酵食品もラクラク！
（p.82〜89）

納豆、発芽玄米のほか、温度管理の難しい塩麹、レモン甘麹も、おまかせ。発酵に時間がかかりますが、ほっとくだけでいいので気楽に作れます。

ホットクックだからおいしい

8

そしておやつも！（p.90〜95）
ホットクックの内鍋を型にしてスコーンや蒸しパンを焼いたり、ゆであずき、お汁粉、コンポートまで作れます。

ホットクックの使い方

各部の名称

蒸気口カバー
蒸気を受けるためのもの。

まぜ技ユニット
セットアップして「まぜる」キーを選択すると、自動で料理をまぜる。使わないときははずしておくと、あとかたづけがラク。

蒸気排出口

内ぶた
正面の表示が見えるようにセットする。

つゆ受け
取り出すときは、内鍋をはずしたあとに。

蒸しトレイ＜付属品＞[*1]
蒸し物や豆をゆでるときに使う。まぜ技ユニットは取りはずす。

内鍋[*2]
ホットクック専用。水分は水位MAXを超えないようにする。

＊1　最新機種（p.7参照）のみに付属。それ以外の機種の場合は、付属の蒸し板を使う。
＊2　最新機種（p.7参照）の内鍋のみ、フッ素コートを採用。それ以外の機種でケーキを焼いたりするときは、こびりつかないように内鍋にオーブン用シートを敷く。

ホットクックの各パーツの名称や、基本的な使い方を紹介します。

セットの仕方

1

つゆ受けをセットする。

2
内ぶたは正面の印を手前にして、2か所の突起をそれぞれの穴に押し込む。レバーに差し込んで固定する。

3
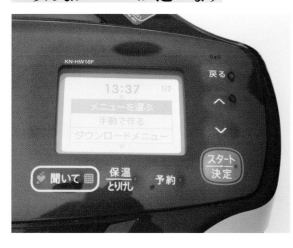
内ぶたの取りつけ穴にまぜ技ユニットを押し込み、固定する。まぜ技ウイングは必ず閉じておく。

4

内鍋に食材、調味料を入れ、本体にセットする。ふたを閉めて料理に合わせてキーを押す。

いろんなメニューが選べます

メニューを選ぶ

作りたいメニューを選ぶだけで、料理に適した火加減、調理時間で自動的に作ってくれる。肉じゃがを作りたいときは肉じゃがキー、さばのみそ煮を作りたいときはさばのみそ煮キーを押すだけでOK。料理初心者や慣れていない方におすすめ。

手動で作る

自分で調理方法、時間、温度などを合わせるときに。料理に慣れてきた人やアレンジを楽しみたいときに。

ダウンロードメニュー

内蔵されていないメニューをクラウドサービス「COCORO KITCHEN」からダウンロードすることができる。方法は、連携させたスマートフォンでメニューを検索し、本体に送信するだけ。

これも便利！

途中で鍋が開けられる

調理中でも、一時停止キーを押せばふたを開けて確認することができる。味見をしたり、途中で食材を足したりすることも。湯気が熱いので注意して。

まぜ技調理が可能

食材の量や加熱状態に合わせたタイミングでかきまぜる。焦げつきやすいカレーやシチューなども上手にできる。

無水調理ができる

野菜などの食材に含まれる水分だけで調理ができる。食材の風味を生かし、栄養の流出を抑えることも。

冷凍保存しておけば重宝

多めに作り、冷凍用密封袋に入れて冷凍しておくとすぐに使えて便利。レシピの冷凍OKマークをご参考に。

煮る 煮込む

低温調理

本書の決まり

◎ 塩は天然塩、砂糖は上白糖、酢は米酢を使用。
◎ 1カップは200㎖、1合は180㎖、大さじ1は15㎖、小さじ1は5㎖です。
◎ 電子レンジは出力600Wを使用。加熱時間はお手持ちのもので調整して
　ください。機種や気候により、多少異なります。

冷凍マーク

冷凍OK

冷凍できる料理に記しています。よく冷
ましてジッパーつきの冷凍用保存袋
に入れて保存を。日もちの目安は約2
週間。電子レンジや室温で解凍を。

> **本書の使い方**　操作がひと目でわかる！
>
> 手動で作る ▶ 煮物を作る ▶ まぜる ▶ 1時間 ▶ スタート
>
> 左から矢印の順に、ホットクックのふたのキーを押すだけで料理が作れます

使用するホットクックの機種

この本で使用したものは、容量1.6ℓタイプです。

多めの分量を作りたいときは、

容量2.4ℓタイプがおすすめ。

その際は、レシピの1.5倍の分量で作ってください。

時間設定を変更する必要はありません。

※塩分が強いものを内鍋に長時間入れておくと傷む可能性があるので、
　調理後は別の容器に移し替え、保存してください。

使いやすい2〜4人用
容量1.6ℓ

・KN-HW16F（最新機種）
・KN-HW16E
・KN-HW16D

たっぷり作れる2〜6人用
容量2.4ℓ

・KN-HW24F（最新機種）
・KN-HW24E
・KN-HW24C

煮る 煮込む

しっかりと中まで味をしみ込ませたい厚めの肉や、
煮るのが難しい煮魚も、ホットクックなら失敗知らずで誰でもおいしく簡単に作れます。
火加減の調整も、焦げつかないように途中でまぜたりの作業も、全部おまかせでOK。

スペアリブの黒酢はちみつ煮　❄ 冷凍OK

ほろりと煮えた骨つき肉は、身離れがよく、しっかりとした肉質も楽しめます。
黒酢のまろやかな酸味、はちみつのやさしい甘みがおいしく広がります。

材料（4人分）
豚スペアリブ … 600g
しょうが（薄切り）… 1かけ
A｜水 … ½カップ
　｜黒酢、しょうゆ、酒 … 各¼カップ
　｜はちみつ … 大さじ2

1 材料を入れる

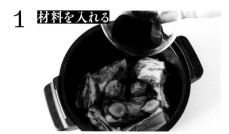

内ぶたにまぜ技ユニットをつける。内鍋にスペアリブ、しょうが、Aを入れる。

2 煮る

内鍋を本体にセットしてふたを閉める。

手動で作る ▶ 煮物を作る ▶ まぜる ▶ 1時間 ▶ スタート

3 煮上がり

汁ごと器に盛り、あればパクチーを添える。

食材アレンジ
スペアリブを鶏手羽元や鶏手羽先で作っても。

ホットクックに材料を入れてキーを押すだけ！
ほっとくだけで完成！

絶妙の火加減で、厚い肉でも中まで味がじっくりしみ込みます。

煮豚 ❄ 冷凍OK

途中でふたを開けて煮て、煮汁を煮詰めます。甘辛味がしっかりしみて、うまみもぎゅっと凝縮。

材料（4人分）
豚肩ロース肉（塊・ネットで包んだもの）
　… 500g
にんにく（つぶす）… 1かけ
しょうが（薄切り）… 1かけ
長ねぎの青い部分 … 1本分

A
```
赤唐辛子 … 1本
八角（あれば）… 1個
水 … 1カップ
しょうゆ、酒（あれば紹興酒）
　… 各½カップ
砂糖 … 大さじ4
```
きゅうり（せん切り）、トマト（薄切り）… 各適量

1 材料を入れる

内鍋に豚肉、にんにく、しょうが、長ねぎ、Aを入れる。

2 煮る

内鍋を本体にセットしてふたを閉める。

| 手動で作る | ▶ | 煮物を作る | ▶ | まぜない | ▶ | 1時間 | ▶ | スタート |

3 煮詰める

豚肉の上下を返し、ふたを閉める。

| 手動で作る | ▶ | 煮詰める | ▶ | 10分 | ▶ | スタート |

ふたを開けて煮詰める。煮詰めるキーがないとき（KN-HW24C）は、鍋に移して弱火の中火で10分煮る。取り出して粗熱を取り、ネットから取り出して食べやすく切る。器に盛ってきゅうり、トマトを添える。

豚バラ肉の角煮 ❄冷凍OK

材料を入れたら、鍋にお任せ。一緒に煮込んだ卵も、味しみしみで絶品です。

材料（4人分）
豚バラ肉（塊）… 600g
　→長さを半分に切る。
しょうが（薄切り）… 1かけ
長ねぎの青い部分 … ⅓本分
ゆで卵 … 4個
A ┌ 水 … ½カップ
　│ しょうゆ … 大さじ4
　│ 酒、みりん … 各¼カップ
　└ 砂糖 … 大さじ2
長ねぎ（せん切り）… 適量

1 下ゆでをする
内鍋に豚肉、しょうが、長ねぎの青い部分、かぶるくらいの水（分量外）を加える。内鍋を本体にセットしてふたを閉める。

手動で作る ▶ 煮物を作る ▶ まぜない ▶ 30分 ▶ スタート

2 煮る

豚肉を取り出して2cm幅に切る。ゆで汁を捨て、内鍋を洗う。内鍋に豚肉、ゆで卵、Aを入れる。内鍋を本体にセットしてふたを閉める。

手動で作る ▶ 煮物を作る ▶ まぜない ▶ 1時間 ▶ スタート

3 煮上がり
汁ごと器に盛り、長ねぎのせん切りを添える。

「まぜ技ユニット」をつけて
ベストなタイミングでかきまぜます。

豚肩ロース肉のトマト香草煮 ❄冷凍OK

トマトの酸味と甘み、ハーブの香りが豚肉にしっかりとしみています。ワインのお供にもおすすめ。

材料（4人分）

豚肩ロース肉（塊）… 600g
　→大きめの一口大に切り、
　　塩、こしょう各少々をふる。

玉ねぎ（薄切り）… ½個

セロリ（薄切り）… 1本

トマトの水煮（缶詰・つぶす）… 1缶（400g）

A｜ ローリエ … 1枚
　｜ ローズマリー（ちぎる）… 2本
　｜ セージ（ちぎる）… 6枚
　｜ オリーブ油 … 小さじ2
　｜ 塩 … 小さじ1½
　｜ こしょう … 少々

1 材料を入れる

内ぶたにまぜ技ユニットをつける。内鍋に豚肉、
玉ねぎ、セロリ、トマト、Aを入れる。

2 煮る

内鍋を本体にセットしてふたを閉める。

手動で作る ▶ 煮物を作る ▶ まぜる ▶ 30分 ▶ スタート

3 煮上がり

好みでセロリの葉のみじん切りを加えてさっとま
ぜ、汁ごと器に盛る。

食材アレンジ

さっぱりとした部位にしたいときは、豚ヒレ
肉や豚もも肉を使っても。

豚肉と野菜の塩麴ポトフ ❄冷凍OK

豚肉に塩麴をまぶして、やわらかで風味豊か。たっぷりの野菜もおいしくとれます。

材料（4人分）

豚肩ロース肉（塊）… 600g
　　→4等分に切り、塩麴（p.82参照）大さじ5を
　　　まぶしつける。

キャベツ … 200g
　　→4等分に切る。

ミニ玉ねぎ … 8個
　　→薄皮をむく。

ミニにんじん … 4本
　　→へたを落として皮をむく。

水 … 4カップ

1 豚肉をゆでる

内鍋に豚肉、分量の水を入れる。内鍋を本体に
セットしてふたを閉める。

| 手動で作る ▶ | 煮物を作る ▶ | まぜない ▶ | 30分 ▶ | スタート |

2 野菜を加える

1 にキャベツ、ミニ玉ねぎ、ミニにんじんを加え、ふたを閉める。

| 手動で作る ▶ | 煮物を作る ▶ | まぜない ▶ | 30分 ▶ | スタート |

3 煮上がり

汁ごと器に盛り、好みで粗びき黒こしょうをふる。

「まぜ技ユニット」でまぜながら煮るので、全体にまんべんなく味がつきます。

豚肉と厚揚げのオイスター煮

鍋に材料を入れて10分煮るだけ。オイスターソースのコクがしみています。

材料（4人分）
豚こまぎれ肉 … 300g
厚揚げ … 1枚
→1.5cm幅に切る。
長ねぎ（斜め切り）… 1本
しょうが（細切り）… 1かけ

A
水 … ½カップ
鶏ガラスープのもと（顆粒）… 小さじ1
オイスターソース、酒 … 各大さじ2
しょうゆ、砂糖 … 各大さじ1

1 材料を入れる

内ぶたにまぜ技ユニットをつける。内鍋に豚肉、厚揚げ、長ねぎ、しょうが、Aを入れる。

2 煮る

内鍋を本体にセットしてふたを閉める。

| 手動で作る | ▶ | 煮物を作る | ▶ | まぜる | ▶ | 10分 | ▶ | スタート |

3 煮上がり

汁ごと器に盛る。

食材アレンジ
豚こまぎれ肉を豚ひき肉や鶏ひき肉、牛薄切り肉に替えても。

豚肉とじゃがいものレモンバター煮

レモンの酸味がさわやか。素材の持ち味がとことん堪能できる一品です。

材料（4人分）
豚こまぎれ肉 … 300g
じゃがいも … 3〜4個（600g）
　→皮をつけたまま4等分に切る。
レモン（国産・輪切り）… 1個
A
　ローリエ … 1枚
　水 … ½ カップ
　バター … 20g
　塩 … 小さじ 1½

1 材料を入れる

内ぶたにまぜ技ユニットをつける。内鍋に豚肉、
じゃがいも、レモン、Aを入れる。

2 煮る

内鍋を本体にセットしてふたを閉める。

手動で作る ▶ 煮物を作る ▶ まぜる ▶ 15分 ▶ スタート

3 煮上がり

汁ごと器に盛る。

食 材 アレンジ
じゃがいもをさつまいもやかぼちゃに替えて
も。甘みが加わって一味違うおいしさに。

骨つきもも肉のビール煮 ❄冷凍OK

ビールは飲み残しの炭酸が抜けたものでもOK。スパイスの風味が肉にしっかりしみています。

材料（4人分）

鶏骨つきもも肉 … 2本
　→塩小さじ1、こしょうをふり、小麦粉大さじ1を
　　まぶしつける。

玉ねぎ（みじん切り）… ½個

にんにく（みじん切り）… 1かけ

A
　ローリエ … 1枚
　ビール … 1カップ
　白ワインビネガー … 大さじ1
　オリーブ油 … 小さじ2
　はちみつ … 大さじ½
　クローブ（あれば）… 3粒
　シナモンパウダー、ナツメッグパウダー
　　… 各3ふり

[食][べ][方][ア][レ][ン][ジ]

ほぐした身をサラダやあえ物に使ったり、雑炊のトッピングにしたりしても。

1 材料を入れる　　内鍋に鶏肉、玉ねぎ、にんにく、Aを入れる。

2 煮る

内鍋を本体にセットしてふたを閉める。

手動で作る ▶ 煮物を作る ▶ まぜない ▶ 30分 ▶ スタート

3 煮上がり

汁ごと器に盛る。身をほぐして食べる。

分厚い骨つき肉もホットクックで煮れば、中までふっくら。身離れも抜群です。

手羽元と冬瓜のレモングラススープ

レモングラス、にんにく、しょうがでぐっと奥深い味わいに。

材料（4人分）
鶏手羽元 … 8本
冬瓜（一口大）… 300g
A ┌ レモングラス（乾燥）… 5g
　├ にんにく（つぶす）… 1かけ
　└ しょうが（薄切り）… 1かけ
B ┌ 水 … 1カップ
　├ 塩 … 小さじ1
　└ こしょう … 少々

1 材料を入れる

お茶用パックにAを入れる。内鍋に鶏肉、冬瓜、A、Bを入れる。

2 煮る
内鍋を本体にセットしてふたを閉める。

手動で作る ▶ 煮物を作る ▶ まぜない ▶ 15分 ▶ スタート

3 煮上がり
汁ごと器に盛り、あればパクチーを添える。

食 材 アレンジ
冬瓜をかぶ、大根に替えても。

水分量が少なめでも、焦げつき知らず。全体に調味料がおいしくからみます。

手羽先とれんこんの梅煮 ❄冷凍OK

梅肉のうまみと塩気が、味つけのポイント。かくし味にマヨネーズを使ってコクをプラス。

材料（4人分）
鶏手羽先 … 8本
れんこん … 300g
　→皮をむき、1.5cm幅の半月切りにする。
梅干し（塩分15%）… 5個
　→種を取り除き、果肉50gを用意する。
A ［ 水 … 大さじ3
　　酒 … 大さじ2
　　ごま油、マヨネーズ … 各小さじ1
　　塩 … 小さじ½
青じそ（細切り）… 適量

1 材料を入れる

内ぶたにまぜ技ユニットをつける。内鍋に鶏肉、れんこん、梅肉、Aを入れる。

2 煮る

内鍋を本体にセットしてふたを閉める。

| 手動で作る | ▶ | 煮物を作る | ▶ | まぜる | ▶ | 20分 | ▶ | スタート |

3 煮上がり

汁ごと器に盛り、青じそをのせる。

食材アレンジ
れんこんの代わりに斜め薄切りのごぼう、手羽先の代わりに手羽中を使っても。

鶏もも肉のにんじんみぞれ煮 ❄冷凍OK

すりおろしたにんじん、玉ねぎ、しょうがが、うまみのある鶏肉にからみます。

材料（4人分）

鶏もも肉 … 2枚（600g）
　→3cm角に切り、塩小さじ⅓、
　　こしょう少々をふる。

にんじん（すりおろす）… 1本

玉ねぎ（すりおろす）… ½個

しょうが（すりおろす）… 1かけ

A｜酒 … ¼カップ
　｜ナンプラー … 大さじ1

万能ねぎ（小口切り）… 適量

1 材料を入れる

内ぶたにまぜ技ユニットをつける。内鍋に鶏肉、
にんじん、玉ねぎ、しょうが、Aを入れる。

2 煮る

内鍋を本体にセットしてふたを閉める。

手動で作る ▶ 煮物を作る ▶ まぜる ▶ 20分 ▶ スタート

3 煮上がり

汁ごと器に盛り、万能ねぎを散らす。

食 材 アレンジ

鶏もも肉を鶏むね肉、鶏手羽元に替えても。

加熱の途中でも、ふたを開けてOK。味見も、加熱状態のチェックもできます。

鶏むね肉と里芋の治部煮

鶏肉に片栗粉をまぶしてから煮るので、しっとりやわらか。とろみもついておいしくまとまります。

材料（4人分）
鶏むね肉（皮なし）… 1枚（300g）
　→1.5cm厚さ、一口大のそぎ切りにする。
里芋（皮をむく）… 300g
まいたけ（ほぐす）… 1パック（100g）
さやいんげん（長さを半分）… 50g
A ｜ だし汁 … 1カップ
　　 しょうゆ、みりん … 各大さじ1½
　　 塩 … 小さじ¼
片栗粉 … 大さじ1

1 材料を入れる

内ぶたにまぜ技ユニットをつける。内鍋に里芋、まいたけ、Aを入れる。

2 野菜を煮る

内鍋を本体にセットしてふたを閉める。

手動で作る ▶ 煮物を作る ▶ まぜない ▶ 5分 ▶ スタート

3 鶏肉、いんげんを加える

鶏肉に片栗粉をまぶしつけ、2に加える。さらにいんげんを加える。

手動で作る ▶ 煮物を作る ▶ まぜる ▶ 5分 ▶ スタート

汁ごと器に盛る。

ささ身のトマトマスカルポーネ煮 ❄冷凍OK

マスカルポーネチーズの濃厚なうまみが、トマトの酸味と絶妙に合います。

材料（4人分）

鶏ささ身…6本
→一口大に切り、塩小さじ1½、
　こしょう少々をふり、
　小麦粉大さじ1をまぶしつける。

トマト（1cm角）… 2個

エリンギ（1cm角）… 1パック（100g）

玉ねぎ（1cm角）… 1個

にんにく（薄切り）… 1かけ

A┌ トマトピューレ… 100g
　└ ローズマリー（ちぎる）… 2本

マスカルポーネチーズ … 40g

1 材料を入れる

内ぶたにまぜ技ユニットをつける。内鍋に鶏肉、
トマト、エリンギ、玉ねぎ、にんにく、Aを入れる。

2 煮る

内鍋を本体にセットしてふたを閉める。

手動で作る ▶ 煮物を作る ▶ まぜる ▶ 20分 ▶ スタート

3 マスカルポーネを加える

マスカルポーネを加えて混ぜ、ふた
を閉める。

手動で作る ▶ 煮物を作る ▶ まぜる ▶ 2分 ▶ スタート

汁ごと器に盛る。

食べ方アレンジ
ゆでたパスタにからめても、おいしい。

フライパンいらず。ホットクック一台で、本格煮込み料理が作れます。

簡単ビーフシチュー

鍋に材料を入れただけとは思えない、本格味。フライドオニオン＋八丁みそがおいしさの鍵です。

材料（4人分）
牛すね肉（塊）… 600g
　→4等分に切り、塩小さじ⅓、こしょう少々をもみ込む。
じゃがいも（皮をむく）… 小4個
にんじん（皮をむいて縦半分）… 小2本
ブロッコリー（小房に分ける）… 100g

A
| 水 … 1½ カップ
| ローリエ … 1枚

B
| フライドオニオン（市販）… 50g
| トマトピューレ … 150g
| 赤ワイン … ⅔ カップ
| 中濃ソース … 大さじ5
| しょうゆ … 大さじ1½

C
| バター … 30g
| 八丁みそ … 大さじ1

フライドオニオン
材料に加えるだけで、玉ねぎを炒めたような甘み、こくが加わる。

1　牛肉をゆでる

内鍋に牛肉、Aを入れる。内鍋を本体にセットしてふたを閉める。

手動で作る ▶ 煮物を作る ▶ まぜない ▶ 30分 ▶ スタート

2　野菜を加える

1にじゃがいも、にんじん、Bを加え、ふたを閉める。

手動で作る ▶ 煮物を作る ▶ まぜない ▶ 20分 ▶ スタート

3　煮上がり

耐熱容器にブロッコリーを入れ、ラップをかぶせて電子レンジで3分加熱する。2にCを加えて混ぜる。ブロッコリーを加えて混ぜ、汁ごと器に盛る。

牛すじ肉の煮込み

牛すじ肉の下ゆでも、コトコト煮込むのもホットクック で。やわらかで感激のおいしさ。

材料（4人分）
牛すじ肉（一口大）…… 500g
にんにく（つぶす）… 1かけ
しょうが（薄切り）… 1かけ
長ねぎの青い部分 … 1本分
こんにゃく（アク抜き済み・一口大にちぎる）
　　… 1枚
生しいたけ（石づきを取り除き、半分）
　　… 4枚
焼き豆腐（4等分）… ½丁
A｜水 … 1カップ
　｜みりん、しょうゆ … 各¼カップ

1 `下ゆでをする`

内鍋に牛すじ肉、にんにく、しょうが、長ねぎを入れ、かぶるくらいの水（分量外）を加える。内鍋を本体にセットしてふたを閉める。

`手動で作る` ▶ `煮物を作る` ▶ `まぜない` ▶ `2時間` ▶ `スタート`

2 `煮詰める`

ゆで汁½カップを取り分ける。残りのゆで汁、にんにく、しょうが、長ねぎを捨て、内鍋を洗う。内鍋に牛すじ肉、こんにゃく、しいたけ、焼き豆腐、A、ゆで汁を入れる。内鍋を本体にセットしてふたを閉める。

`手動で作る` ▶ `煮詰める` ▶ `15分` ▶ `スタート`

ふたを開けて煮詰める。煮詰めるキーがないとき（KN-HW24C）は、鍋に移して弱めの中火で15分煮る。

3 `煮上がり`

汁ごと器に盛り、好みで七味唐辛子をふる。

火加減の心配もありません。

ホットクックに食材と調味料を入れるだけ！

韓国風肉じゃが

牛肉に下味をつけておくのがポイント。味がしっかりとつき、ほぐれやすくなります。

材料（4人分）
牛切り落とし肉 … 200g
じゃがいも（皮をむき、一口大）
　　… 3〜4個（正味400g）
長ねぎ（斜め切り）… 1本

A
- 水 … ½ カップ
- コチュジャン、酒、しょうゆ … 各大さじ2
- 砂糖 … 大さじ1
- ごま油 … 小さじ2
- 鶏ガラスープのもと（顆粒）… 小さじ1

1 調味する

ボウルに牛肉を入れ、Aを加えてよくまぜる。

2 材料を入れる

内鍋にじゃがいも、長ねぎを入れ、1をのせる。

3 煮る

内鍋を本体にセットしてふたを閉める。

| 手動で作る | ▶ | 煮物を作る | ▶ | まぜない | ▶ | 20分 | ▶ | スタート |

汁ごと器に盛る。

ホワイトストロガノフ ❄冷凍OK

仕上げに小麦粉をふり入れて、とろりとしたなめらかな食感に。ごはんやパスタにかけて。

材料（4人分）

牛切り落とし肉 … 300g
玉ねぎ（縦に薄切り）… 大1個
マッシュルーム（薄切り）… 1パック（150g）

A
- プレーンヨーグルト … 300g
- 白ワイン … 大さじ3
- 塩 … 小さじ1½
- こしょう … 少々

B
- 牛乳 … 1½カップ
- バター … 30g

小麦粉 … 大さじ3

1 材料を入れる

内ぶたにまぜ技ユニットをつける。内鍋に牛肉、玉ねぎ、マッシュルーム、Aを入れる。

2 煮る

内鍋を本体にセットしてふたを閉める。

手動で作る ▶ 煮物を作る ▶ まぜる ▶ 20分 ▶ スタート

3 仕上げる

②にBを加える。小麦粉を茶こしに入れ、ふるいながら加えてふたを閉める。

手動で作る ▶ 煮物を作る ▶ まぜる ▶ 2分 ▶ スタート

好みで器にごはんを盛ってシチューをかけ、あればみじん切りのパセリをふる。

25

牛テールスープ 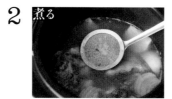 冷凍OK

骨から出るうまみがスープにしみて絶品です。ほろりと煮くずれした肉も、この鍋ならでは。

材料（4人分）
牛テール（洗う）… 4個（600g）
にんにく … 1かけ
しょうが … 1かけ
玉ねぎ（8等分のくし形切り）… 2個
A ┃ 塩 … 小さじ1
　 ┃ こしょう … 少々
パクチー（ざく切り）… 20g

1 下ゆでをする

内鍋に牛テール、にんにく、しょうが、玉ねぎを入れ、水位MAXまで水（分量外）を加える。内鍋を本体にセットしてふたを閉める。

手動で作る ▶ 煮物を作る ▶ まぜない ▶ 5分 ▶ スタート

2 煮る

アクを取り除く。Aを加え、ふたを閉める。

手動で作る ▶ 煮物を作る ▶ まぜない ▶ 1時間30分 ▶ スタート

3 煮上がり

汁ごと器に盛り、パクチーをのせる。脂が多いと感じたら、一晩冷やしてかたまった脂を取り除くといい。

26

牛すね肉と大根の煮込み

すね肉は塩をまぶして一晩おくのがコツ。味がなじみ、うまみが凝縮されます。

材料（4人分）

牛すね肉…500g
→塩大さじ1をまぶし、冷蔵庫で一晩おく。
大根（皮をむき、大きめの乱切り）… ½本
A ┌ 昆布（10cm長さ）… 1枚
　└ 水 … 4カップ

食材 アレンジ
牛すね肉を豚スペアリブ、豚肩ロース肉
（塊）に替えても。

1 牛肉をゆでる

内鍋に牛肉、Aを入れる。内鍋を本体にセットし
てふたを閉める。

| 手動で作る | ▶ | 煮物を作る | ▶ | まぜない | ▶ | 1時間 | ▶ | スタート |

2 大根を加える

1に大根を加え、ふたを閉める。

| 手動で作る | ▶ | 煮物を作る | ▶ | まぜない | ▶ | 30分 | ▶ | スタート |

3 煮上がり

牛肉を大まかにほぐし、汁ごと器に盛る。

27

かぼちゃのそぼろ煮 ❋冷凍OK

鍋にかぼちゃを敷いて、味つけをしたひき肉をのせて煮るだけ。ほくほくでうまみ満点の仕上がりです。

材料（4人分）
牛ひき肉 … 150g
かぼちゃ（3cm角）… ¼個（正味400g）
A　┌ 酒 … 大さじ3
　　│ みりん … 大さじ2
　　└ みそ、しょうゆ、ごま油 … 各大さじ½

1 **調味する**

ボウルにひき肉を入れ、Aを加えてよくまぜる。

2 **材料を入れる**　　内鍋にかぼちゃの皮目を下にして並べ入れ、1を上にのせて広げる。

3 **煮る**

内鍋を本体にセットしてふたを閉める。

| 手動で作る | ▶ | 煮物を作る | ▶ | まぜない | ▶ | 20分 | ▶ | スタート |

そっと全体をまぜて器に盛る。

ラムチョップのジンジャー煮 ❄冷凍OK

たっぷりの香味野菜、バルサミコ酢を加えたとびっきりの味で煮込みます。

材料（4人分）
ラムチョップ … 8本
　→筋を切り、塩小さじ½、こしょう少々をふる。
玉ねぎ（すりおろす）… ½個
にんにく（すりおろす）… 1かけ
しょうが（すりおろす）… 30g
A｜水 … 1カップ
　｜酒、みりん、しょうゆ … 各¼カップ
　｜はちみつ、バルサミコ酢 … 各大さじ2

1 調味する

ボウルに玉ねぎ、にんにく、しょうが、Aを入れてまぜる。

2 材料を入れる

内鍋にラムチョップを肉が下、骨が上になるように入れ、①を加える。

3 煮る

内鍋を本体にセットしてふたを閉める。

手動で作る ▶ 煮物を作る ▶ まぜない ▶ 30分 ▶ スタート

汁ごと器に盛り、あればクレソンを添える。

さばのトマトみそ煮 ❄冷凍OK

たっぷりのフレッシュトマトを使った、新鮮な味わいの煮魚です。
ほどよい酸味と甘み、すっきりとした後味が魅力の一品に仕上がります。

材料（4人分）

さばの切り身 … 半身2枚
→4等分のそぎ切りにし、
塩少々をふって10分おく。
水洗いをし、水気をふく。

トマト … 大2個
→3cm角に切る。

しょうが（薄切り） … 1かけ

A
- 酒 … ½カップ
- みりん … ¼カップ
- みそ … 大さじ2
- しょうゆ … 大さじ1

1 材料を入れる

内鍋にさば、トマト、しょうが、
まぜたAを入れる。

2 煮る

内鍋を本体にセットしてふた
を閉める。

手動で作る ▶ 煮物を作る ▶ まぜない ▶ 20分 ▶ スタート

3 煮上がり

トマトが少し煮くずれしたら
OK。汁ごと器に盛る。

食 材 ア レ ン ジ

さばの代わりに、あじやいわしなどの青魚を
使っても。

煮魚も簡単！
皮がはがれたり、身がくずれたりの
心配がありません。

ホットクックで作る煮魚は、身がぱさつかず、中までふっくらと仕上がります。

いわしの韓国風香り煮 ❄冷凍OK

コチュジャンをきかせた甘辛しっかり味。ほぐした身を春菊にからめてどうぞ。

材料（4人分）
いわし … 8尾
　→頭を切り落とし、内臓を取り除いて洗う。
にんにく（みじん切り）… 1かけ
しょうが（みじん切り）… 1かけ
長ねぎ … ¼本
　→縦に切り目を入れ、外側はせん切りにし、
　　内側はみじん切りにする。

A	水 … 1カップ
	酒 … ½カップ
	白すりごま … 大さじ2
	コチュジャン … 大さじ1
	砂糖、しょうゆ … 各大さじ½

春菊の葉 … 60g
　→水にさらし、水気をきる。

1 材料を入れる

内鍋にいわし、にんにく、しょうが、長ねぎのみじん切り、まぜたAを入れる。

2 煮る

内鍋を本体にセットしてふたを閉める。

| 手動で作る | ▶ | 煮物を作る | ▶ | まぜない | ▶ | 20分 | ▶ | スタート |

3 煮上がり

器に春菊を敷いていわしを盛り、長ねぎのせん切りをのせる。

食材アレンジ
春菊の代わりに香りの強い、パクチーを使っても。

かつおの角煮　❄冷凍OK

普通の鍋で作るより、しっとりおいしく仕上がります。白いごはんにもってこい。

材料（4人分）
かつお（さく・皮なし）… 400g
　→2cm幅に切って塩少々をふり、10分おく。
　　水洗いをして水気をふく。
しょうが（薄切り）… 1かけ

A 　酒 … ½ カップ
　　しょうゆ … 大さじ3
　　砂糖 … 大さじ2

1　材料を入れる

内鍋にかつお、しょうが、Aを入れる。

2　煮る

内鍋を本体にセットしてふたを閉める。

手動で作る ▶ 煮物を作る ▶ まぜない ▶ 15分 ▶ スタート

3　煮上がり

汁ごと器に盛る。

食 材 アレンジ
かつおの代わりに一口大に切ったまぐろを使っても。

一緒に煮た野菜も、おいしく、しっとり。味や加熱のむらなく、煮上がります。

ぶり大根

ぶりのうまみが大根にじっくりとしみて、いくらでも食べられそう。旬の冬に一度は食べたい。

材料（4人分）

ぶりのあらと身 … 500g
→よく水洗いをし、水気をふいて食べやすい大きさに切る。

大根 … 400g
→皮をむき、2cm幅の半月切りにする。

しょうが（薄切り）… 1かけ

A
水 … 1カップ
酒 … ½カップ
みりん、しょうゆ … 各¼カップ
砂糖 … 大さじ3

1 材料を入れる

内鍋にぶり、大根、しょうが、Aを入れる。

2 煮る

内鍋を本体にセットしてふたを閉める。

手動で作る ▶ 煮物を作る ▶ まぜない ▶ 30分 ▶ スタート

3 好みで煮詰める

ふたを閉める。

手動で作る ▶ 煮詰める ▶ 10分 ▶ スタート

ふたを開けて煮詰める。好みなので煮詰めなくてもいい。器に盛る。

鯛のあらと焼き豆腐の甘辛煮 ❄ 冷凍OK

骨から出るおいしいだしも、うまみアップに一役。おかずにも、日本酒のお供にも。

材料（2人分）

鯛のあら … 300〜350g
　→よく水洗いをし、水気をふく。
焼き豆腐（4等分）… ½丁
長ねぎ（ぶつ切り）… ½本
A ┌ 水、酒 … 各½カップ
　│ みりん、しょうゆ … 各大さじ4
　└ 砂糖 … 大さじ3
しょうが（せん切り）… 1かけ

1 材料を入れる

内鍋に鯛のあら、焼き豆腐、長ねぎ、まぜたAを入れる。

2 煮る

内鍋を本体にセットしてふたを閉める。

手動で作る ▶ 煮物を作る ▶ まぜない ▶ 20分 ▶ スタート

3 好みで煮詰める　　　　　　ふたを閉める。

手動で作る ▶ 煮詰める ▶ 10分 ▶ スタート

ふたを開けて煮詰める。好みなので煮詰めなくてもいい。器に盛り、しょうがを添える。

ホットクックなら、魚の身くずれの心配なし。均一にふっくらと煮上がります。

アクアパッツァ ❄冷凍OK

豊かなハーブの香り、食材のうまみが引き立つごちそうメニュー。おもてなしや記念日にも。

材料（4人分）
白身魚の切り身
　（いしもち、たら、鯛など）… 4切れ
　→塩小さじ¼をふり、水気をふく。
あさり（殻つき・砂出し済み）… 100g
ミニトマト（へたを取る）… 8個
にんにく（薄切り）… 1かけ
アンチョビ（刻む）… 2切れ
ブラックオリーブ … 6粒
ローズマリー、セージ … 各2本
A ┃ 白ワイン … ½カップ
　┃ こしょう … 少々

1 材料を入れる

内鍋に白身魚、あさり、ミニトマト、にんにく、アンチョビ、オリーブを入れる。ローズマリー、セージをちぎって加え、Aを入れる。

2 煮る

内鍋を本体にセットしてふたを閉める。

手動で作る ▶ 煮物を作る ▶ まぜない ▶ 10分 ▶ スタート

3 煮上がり

器に盛り、あれば刻んだイタリアンパセリを散らす。

香りづけ、うまみ出しに
淡泊な白身魚におすすめのハーブ、食材。
加えるだけで味がランクアップする。

いかとにらの炒め煮  冷凍OK

「炒める」調理で、オイスター味の本格炒め煮が5分でできます。

材料（4人分）

するめいか … 2はい（正味400g）

→胴と足を切り分ける。
胴はわた、軟骨を取り除いて輪切りに、
足は吸盤を取り除き、2～3本ずつに分ける。

にら（5cm長さ） … 1束（100g）

にんにく（細切り） … 1かけ

しょうが（細切り） … 1かけ

A｜ 赤唐辛子（小口切り） … ひとつまみ
しょうゆ、ごま油 … 各大さじ1
オイスターソース、みりん、酒 … 各大さじ½

1 材料を入れる

内ぶたにまぜ技ユニットをつける。内鍋にいか、
にら、にんにく、しょうが、Aを入れる。

2 煮る

内鍋を本体にセットしてふたを閉める。

手動で作る ▶ 炒める ▶ 5分 ▶ スタート

3 煮上がり

汁ごと器に盛る。

さば缶と根菜のしょうゆ煮 ❄冷凍OK

さば缶を使って手軽においしく。うまみがぎゅっと詰まった缶汁も使うのがポイント。

材料（4人分）
さばの水煮（缶詰）… 1缶（200g）
里芋（皮をむく）… 正味250g
ごぼう… 1½本
　→皮をこそげ、一口大の乱切りにする。
にんじん（皮をむき、一口大の乱切り）… 1本
A
　水 … ½カップ
　めんつゆ（3倍濃縮タイプ）… 大さじ2

1 材料を入れる

内ぶたにまぜ技ユニットをつける。内鍋に里芋、ごぼう、にんじん、A、さばを缶汁ごと入れる。

2 煮る
内鍋を本体にセットしてふたを閉める。

| 手動で作る | ▶ | 煮物を作る | ▶ | まぜる | ▶ | 20分 | ▶ | スタート |

3 煮上がり
汁ごと器に盛る。

鮭缶と白菜のスープ 🟦冷凍OK

鮭のうまみじんわり。みそをかくし味に使っているから、ごはんにも合います。

材料（4人分）
鮭の水煮（缶詰）… 1缶（180g）
白菜（3cm幅のざく切り）… 200g

A
| 水 … 2カップ
| 牛乳 … 1カップ
| みそ … 小さじ2
| 塩 … 小さじ½
| こしょう … 少々

1 材料を入れる

内ぶたにまぜ技ユニットをつける。内鍋に白菜、
A、鮭を缶汁ごと入れる。

2 煮る

内鍋を本体にセットしてふたを閉める。

手動で作る ▶ 煮物を作る ▶ まぜる ▶ 20分 ▶ スタート

3 煮上がり

汁ごと器に盛り、好みで粗びき黒こしょうをふる。

食材アレンジ
白菜の代わりにキャベツやかぶを使っても。

内ぶたの「うまみドリップ加工」で、食材の水分とうまみをぎゅっと凝縮します。

いろいろ野菜のトマト煮 ❄冷凍OK

残った野菜を総動員して作りましょう。野菜不足を感じたときにも、おすすめです。

材料（4人分）
キャベツ（3cm角）… 200g
マッシュルーム（縦半分）… 100g
ズッキーニ（1.5cm幅のいちょう切り）…1本
パプリカ（赤・1.5cm角）… 1個
トマトの水煮（缶詰・つぶす）
　　… ½缶（200g）
にんにく（薄切り）… 1かけ
ハム（1.5cm角）… 4枚（80g）
ディル … 2本
A [塩 … 小さじ1
　 こしょう … 少々

1 材料を入れる

内ぶたにまぜ技ユニットをつける。内鍋にキャベツ、マッシュルーム、ズッキーニ、パプリカ、トマト、にんにく、ハムを入れ、ディルをちぎって加え、Aを入れる。

2 煮る

内鍋を本体にセットしてふたを閉める。

| 手動で作る | ▶ | 煮物を作る | ▶ | まぜる | ▶ | 20分 | ▶ | スタート |

3 煮上がり

汁ごと器に盛る。

食材アレンジ
野菜はかぼちゃやピーマン、なすなど、ハムはウィンナーソーセージに替えても。

パクチーカレー ❄冷凍OK

野菜のうまみたっぷりのカレー。パクチーの独特の香りが食欲をそそります。

材料（4人分）

パクチー … 40g
　→飾り用に少量取り分け、みじん切りにする。
にんじん（みじん切り）… 50g
玉ねぎ（みじん切り）… 1個
セロリ（みじん切り）… 50g
にんにく、しょうが（各みじん切り）… 各1かけ
トマト（1cm角）… 2個
合いびき肉… 200g
A ┌ サラダ油 … 大さじ1
　└ 塩、こしょう … 各少々
カレールー（市販品・刻む）… 4皿分（80g）

1 材料を入れる

内ぶたにまぜ技ユニットをつける。ボウルにひき肉を入れ、Aを加えてさっとまぜる。内鍋にパクチー、にんじん、玉ねぎ、セロリ、にんにく、しょうが、トマトを入れ、ひき肉を加え、カレールーを入れる。

2 煮る

内鍋を本体にセットしてふたを閉める。

| 手動で作る | ▶ | 煮物を作る | ▶ | まぜる | ▶ | 20分 | ▶ | スタート |

3 煮上がり

好みで器にごはんを盛り、カレーをかける。飾り用のパクチーを添える。

「まぜ技ユニット」をつければ、ミキサーいらず。煮る、つぶす作業を同時にこなします。

里芋の粗つぶし豆乳ポタージュ

粗くつぶれた里芋の食感が残っているのが、またおいしい。体の中から温まります。

材料（4人分）

里芋（皮をむいて1cm幅の輪切り）
　　… 正味300g
水 … ½カップ

A
　豆乳（無調整）… 1½カップ
　みそ … 小さじ2
　チキンコンソメ（顆粒）… 小さじ1
　塩 … 小さじ½
　こしょう… 少々

1 里芋をゆでる

内ぶたにまぜ技ユニットをつける。内鍋に里芋、分量の水を入れる。内鍋を本体にセットしてふたを閉める。

手動で作る	▶	煮物を作る	▶	まぜる	▶	20分	▶	スタート

2 調味して煮る

1にAを加え、ふたを閉める。

手動で作る	▶	スープを作る	▶	まぜる	▶	10分	▶	スタート

3 煮上がり

器に盛り、あれば万能ねぎをふる。

かぼちゃの粗つぶしポタージュ ❄冷凍OK

かぼちゃのやさしい甘みが、口の中でふわっと広がります。

材料（4人分）
かぼちゃ（皮をむいて一口大）
　… ¼個（正味300g）
水 … ½カップ

A ┌ 牛乳 … 1½カップ
　│ チキンコンソメ（顆粒）… 小さじ1
　│ 塩 … 小さじ⅔
　└ こしょう … 少々

1 かぼちゃをゆでる

内ぶたにまぜ技ユニットをつける。内鍋にかぼちゃ、分量の水を入れる。内鍋を本体にセットしてふたを閉める。

| 手動で作る | ▶ | 煮物を作る | ▶ | まぜる | ▶ | 15分 | ▶ | スタート |

2 調味して煮る

1にAを加え、ふたを閉める。

| 手動で作る | ▶ | スープを作る | ▶ | まぜる | ▶ | 10分 | ▶ | スタート |

3 煮上がり

器に盛り、あれば砕いたクラッカーをのせる。

食材アレンジ
かぼちゃをさつまいもに替えても。

かぶとベーコンの塩煮

野菜の水分だけで煮る「無水調理」だから、素材の持ち味がぎゅっと凝縮されます。

材料（4人分）
かぶ…4個
　→茎を1cmほど残して皮をむき、縦4等分に切る。
ベーコン（2cm幅）… 2枚
塩 … 小さじ⅓

1 材料を入れる

内鍋にかぶ、ベーコンの順に入れて、塩をふり入れる。

2 煮る

内鍋を本体にセットして、ふたを閉める。

手動で作る ▶ 無水でゆでる ▶ 10分 ▶ スタート

3 煮上がり

かぶがやわらかくなったら、器に盛る。

ゆでる、調味する、マッシュするも、ホットクック一台で自動で行ないます。

マッシュポテト

「まぜ技ユニット」をとりつけて加熱するだけ。クリーミーなマッシュポテトが仕上がります。

材料（4人分）
じゃがいも（皮をむき、5mm幅の半月切り）
　　… 正味300g

A
　牛乳 … 60㎖
　バター … 25g
　塩 … 小さじ⅓
　こしょう … 少々

1 材料を入れる

内ぶたにまぜ技ユニットをつける。内鍋にじゃがいも、Aを入れる。

2 煮る

内鍋を本体にセットして、ふたを閉める。

手動で作る ▶ 煮物を作る ▶ まぜる ▶ 20分 ▶ スタート

3 煮上がり

じゃがいもがなめらかになったら、器に盛る。

─── アレンジ ───

**アンチョビとセージまぜ
マッシュポテト**

上記のAの塩、こしょうを抜いて同様に作る。刻んだアンチョビ2切れとセージ4枚を加えて混ぜる。

なすから出る水分を利用して作ります。
やわらかでうまみ満点です。

なすのピリ辛煮 ❄ 冷凍OK

温かいままでも、冷蔵庫できりっと冷やしてもおいしい。豆板醤をきかせたパンチのある味。

材料（4人分）
なす（一口大の乱切り）… 4本
しょうが（すりおろす）… 1かけ
A
酒、みりん、酢 … 各大さじ2
しょうゆ、ごま油 … 各大さじ1½
砂糖 … 小さじ1
豆板醤 … 小さじ½
白いりごま … 適量

1 材料を入れて煮る

内ぶたにまぜ技ユニットをつける。内鍋になす、しょうが、Aを入れる。内鍋を本体にセットしてふたを閉める。

| 手動で作る | ▶ | 煮物を作る | ▶ | まぜる | ▶ | 8分 | ▶ | スタート |

2 煮上がり

汁ごと器に盛り、ごまをふる。

食材 アレンジ
なすをピーマンやししとう、さやいんげんに
替えても。

46

切り干し大根と刻み昆布の煮物 ❄ 冷凍OK

たっぷり作って常備菜にしておくと便利。刻み昆布のもどし汁でおいしく煮含めます。

材料（4人分）
切り干し大根 … 30g
刻み昆布（乾燥） … 10g
にんじん … ½本
　→皮をむき、4cm長さの細切りにする。
A ┌ みりん、しょうゆ … 各大さじ2
　└ 砂糖 … 大さじ½

1 もどす

切り干し大根は水に15分ほどつけてもどす。水洗いをして水気を絞り、ざく切りにする。刻み昆布は水1カップ強に10分ほどつけてもどし、もどし汁1カップ分を取り分ける。

2 材料を入れて煮る

内ぶたにまぜ技ユニットをつける。内鍋に切り干し大根、刻み昆布ともどし汁、にんじん、Aを入れる。内鍋を本体にセットしてふたを閉める。

| 手動で作る | ▶ | 煮物を作る | ▶ | まぜる | ▶ | 20分 | ▶ | スタート |

3 煮上がり

汁ごと器に盛る。

食べ方アレンジ
ごはんにまぜたり、卵でとじたりするのもおすすめ。

低温調理

ホットクックでまず作りたい、低温調理ベスト7。肉も魚もしっとりとやわらかで
感動のおいしさに仕上がります。ジッパーつきの耐熱の密封袋に食材を入れ、
水と一緒にホットクックに入れるだけ。洗い物が少ないのもうれしいポイント。

ローストビーフ

ホットクックなら、難しい温度設定もお任せ。絶妙の火入れでごちそうおかずが簡単に作れます。
赤ワイン＋しょうゆの特製ソースでどうぞ。

材料（4人分）
牛もも肉（塊）…400g
→塩4g、こしょう少々をすり込み、
　ジッパーつきの耐熱の密封袋に入れて
　しっかりと空気を抜いて口を閉じる*。

サラダ油 … 小さじ2

A ┌ 赤ワイン … 大さじ2
　└ しょうゆ、みりん … 各大さじ1

クレソン … 適量

アレンジ

卵黄をからめながらいただきます。

ローストビーフ丼

（2人分）
器にごはん2杯分を等分に盛り、横に薄切
りにした紫玉ねぎ¼個分、ローストビーフ
10枚、青じそのせん切り2枚分、卵黄2個
分をのせ、ソース適量をかける。

1 セットする

内鍋に袋に入れた牛肉を入
れ、かぶるくらいの水を加え
る。内鍋を本体にセットし、蒸
しトレイ（蒸し板）をのせる。

2 ゆでる

ふたを閉める。

手動で作る ▶ 発酵・低温調理をする ▶ 60℃ ▶ 3時間 ▶ スタート

3 牛肉を焼く

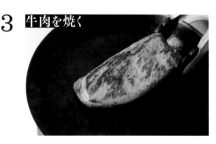

内鍋から牛肉を取り出し、袋
に入れたまましっかりと冷ま
す。フライパンにサラダ油を
強火で熱し、牛肉を入れて
1分焼き、返して1分焼く。牛
肉を取り出してフライパンに
Aを入れ、さっと煮てソース
を作る。牛肉は食べやすく切
って器に盛り、ソースをかけ
てクレソンを添える。

温度管理が難しい低温調理も、ホットクックに食材と水を入れてゆでるだけ。

豚ヒレハム ❄冷凍OK

豚肉のうまみに、ドライハーブの豊かな香りが絶妙にマッチ。オードブルにおつまみにも、大活躍。

材料（作りやすい分量）

豚ヒレ肉（塊・200gのもの）… 2本
→塩、ドライハーブミックス各小さじ1、
こしょう少々をふってラップで包み、冷蔵庫に一晩おく。
1本ずつジッパーつきの耐熱の密封袋に入れ、
しっかりと空気を抜いて口を閉じる。

1 ゆでる

内鍋に袋に入れた豚肉を入れ、かぶるくらいの水を加える。内鍋を本体にセットし、蒸しトレイ（蒸し板）をのせてふたを閉める。

手動で作る ▶	発酵・低温調理をする ▶
60℃ ▶	2時間 ▶ スタート

2 ゆで上がり

内鍋から豚肉を取り出し、袋に入れたまましっかりと冷ます。食べやすく切って器に盛る。

ふつうの鍋で作ったときとはひと味違う、おいしさとしっとり感。

▼ アレンジ

しゃきしゃきのきゅうりがアクセント。

豚ハムときゅうりのサンドイッチ

（2人分）

❶ きゅうり2本は縦半分に切ってスプーンで種を取り除き、斜め薄切りにする。塩小さじ¼をふってもみ、10分おいて水気を絞る。

❷ 食パン（8枚切り）4枚の片面にバター10g、マスタード小さじ1をぬる。

❸ ②に切った豚ヒレハム100g、①をはさみ、半分に切る。

サラダチキン ❄冷凍OK

なめらかな口当たり、鶏肉の上品な味わいをとことん堪能。どんな素材にも合います。

材料（作りやすい分量）
鶏むね肉（皮なし）… 1枚（300g）
→塩3gをまぶしつけ、ジッパーつきの耐熱の密封袋に入れて
しっかりと空気を抜いて口を閉じる。

1 ゆでる

内鍋に袋に入れた鶏肉を入れ、かぶるくらいの水を加える。内鍋を本体にセットし、蒸しトレイ（蒸し板）をのせてふたを閉める。

手動で作る ▶ 発酵・低温調理をする ▶

60℃ ▶ 2時間 ▶ スタート

2 ゆで上がり

内鍋から鶏肉を取り出し、袋に入れたまましっかりと冷ます。食べやすく切って器に盛る。

┌─── アレンジ ───┐

粒マスタードで酸味と辛みをプラス。

チキン入りキャロットラペ

（2～4人分）
❶ サラダチキン½枚分はほぐす。にんじん1本（200g）はスライサーで細切りにし、くるみ40gは粗く砕く。
❷ オリーブ油大さじ1、粒マスタード小さじ1、塩小さじ¼、こしょう少々をまぜ、①をあえる。

ツナ ❄冷凍OK

手作りのツナは、感動のおいしさ。一度食べると、病みつきになります。

材料（作りやすい分量）

まぐろ（赤身・200gのもの）… 2さく
　→塩小さじ1をまぶして1さくずつジッパーつきの
　　耐熱の密封袋に入れ、オリーブ油小さじ2を等分に加えて
　　しっかりと空気を抜いて口を閉じる。

ジッパーつきの袋に食材を入れて
ゆでるだけだから、
あとかたづけもらくちん。

ゆでる

1　内鍋に袋に入れたまぐろを入れ、かぶるくらいの水を加える。内鍋を本体にセットし、蒸しトレイ（蒸し板）をのせてふたを閉める。

手動で作る ▶	発酵・低温調理をする ▶

60℃ ▶	1時間 ▶	スタート

2　**ゆで上がり**

内鍋からまぐろを取り出し、袋に入れたまましっかりと冷ます。ほぐして器に盛る。

⎡ アレンジ

たっぷりのツナを加えておかずサラダに。

ツナ入りコールスロー

（2〜4人分）
❶　キャベツ200gはせん切り、紫玉ねぎ¼個は縦に薄切りにする。合わせて塩小さじ½を加えてまぜ、10分おく。水気を絞る。
❷　ボウルに①を入れ、ツナ½さく分、マヨネーズ大さじ1、酢小さじ1、こしょう少々を加えてあえる。

ししゃものコンフィ ❄冷凍OK

にんにく、タイムをきかせたおしゃれな一品。ワイン＋バゲットによく合います。

材料（作りやすい分量）
ししゃも（一夜干し）… 10尾
→ジッパーつきの耐熱の密封袋に入れ、
　薄切りのにんにく1かけ分、
　ちぎったタイム3本分、オリーブ油大さじ1、
　こしょう少々を加えてしっかりと空気を抜いて口を閉じる。

1 **ゆでる**

内鍋に袋に入れたししゃもを入れ、かぶるくらいの
水を加える。内鍋を本体にセットし、蒸しトレイ（蒸
し板）をのせてふたを閉める。

| 手動で作る ▶ | 発酵・低温調理をする ▶ |
| 60℃ ▶ | 40分 ▶ | スタート |

2 **ゆで上がり**

内鍋からししゃもを取り出し、袋に入れたまましっか
りと冷まし、器に盛る。

━━━ **アレンジ**

キンと冷やした白ワインと楽しみたい。

ししゃものブルスケッタ

（2人分）
バゲット（1cm厚さ）4枚は軽くトーストし、ほぐしたし
しゃものコンフィ4尾分をのせる。

安価なレバーも驚くほどしっとり。
ごちそうおかずに早変わりします。

豚レバーのごま油あえ ❄冷凍OK（ゆでたもの）

ふわっとやさしい口当たりの豚レバー。ごま油＋わけぎでパンチのある味に。

材料（4人分）

豚レバー … 200g

　→よく洗って水気をふく。
　　ジッパーつきの耐熱の密封袋2枚に等分に入れ、
　　しっかりと空気を抜いて口を閉じる。

わけぎ（小口切り）… 40g

A ┌ ごま油 … 小さじ2
　│ 塩 … 小さじ½
　└ こしょう … 少々

1 ゆでる

内鍋に袋に入れた豚レバーを入れ、かぶるくらいの水を加える。内鍋を本体にセットし、蒸しトレイ（蒸し板）をのせてふたを閉める。

| 手動で作る ▶ | 発酵・低温調理をする ▶ |
| 60℃ ▶ | 30分 ▶ | スタート |

2 ゆで上がり

内鍋から豚レバーを取り出し、袋に入れたまましっかりと冷ます。袋から取り出して洗い、水気をふく。

3 あえる

ボウルに 2 、わけぎ、Aを入れてあえ、器に盛る。

鶏レバーのカレーソテー

🌨 冷凍OK（ゆでたもの）

しっとりジューシーながらも、ほどよい弾力のある肉質。スパイシーな香りが食欲をそそります。

材料（4人分）
鶏レバー … 300g
→脂肪を取り除いて食べやすく切り、
　ひたひたの牛乳につけて10分おく。
　よく洗って水気をふく。
　ジッパーつきの耐熱の密封袋2枚に等分に入れ、
　しっかりと空気を抜いて口を閉じる。

オリーブ油 … 大さじ1

A ┌ カレー粉 … 小さじ1
　└ 塩 … 小さじ½

サニーレタス … 適量

1 **ゆでる**

内鍋に袋に入れた鶏レバーを入れ、かぶるくらいの水を加える。内鍋を本体にセットし、蒸しトレイ（蒸し板）をのせてふたを閉める。

手動で作る ▶	発酵・低温調理をする ▶

60℃ ▶	1時間 ▶	スタート

2 **ゆで上がり**

内鍋から鶏レバーを取り出し、袋に入れたまましっかりと冷ます。袋から取り出して洗い、水気をふく。

3 **焼く**

フライパンにオリーブ油を中火で熱し、2を入れてさっと炒める。Aを加えて混ぜ、サニーレタスを敷いた器に盛る。

ひと皿満足メニュー

ランチや休日のブランチにも重宝する、ごはんとめんのレシピです。おいしさもボリュームも満点。
メニューに合わせてぴったりの操作キーを押すだけで、絶品のおいしさに仕上がります。
和、洋、中、エスニックのさまざまな料理が楽しくチョイスできます。

炊きたてごはん ❄冷凍OK

一つ一つの粒が立ち、ツヤツヤの炊き上がりに感動。やさしい甘みもごちそうです。

材料（3合分）
米 … 3合
→洗って水気をきる。
水 … 適量

1 **浸水させる**

内鍋に米を入れ、3合の目盛りまで水を
加え、30分おく。最新機種（p.7参照）
は浸水させる必要はない。

2 **炊く**

内鍋を本体にセットしてふたを閉める。

| 手動で作る | ▶ | ごはんを炊く | ▶ |
| 3合 | ▶ | スタート |

3 **炊き上がり**

炊き上がったら大きくまぜる。

かまど炊き並みの仕上がりに大感激！
もう、炊飯器はいりません。

親子丼 ❄冷凍OK

卵がふんわり、なめらか。
全体をおいしく、やさしくまとめます。

材料（4人分）
鶏もも肉（一口大）… 1枚（300g）
玉ねぎ（横に1cm幅）… 1個
A ［
　だし汁 … ¼ カップ
　しょうゆ、みりん … 各大さじ2
　砂糖 … 大さじ½
　塩 … 小さじ½
］
卵 … 6個
ごはん … 4杯分

1 煮る

内ぶたにまぜ技ユニットをつける。内鍋に鶏肉、玉ねぎ、Aを入れる。内鍋を本体にセットしてふたを閉める。

手動で作る ▶ 煮物を作る ▶ まぜる ▶
10分 ▶ スタート

2 卵を加える

ボウルに卵を溶きほぐす。内鍋に溶き卵を加えてざっとまぜ、ふたを閉める。

手動で作る ▶ 煮詰める ▶ 3分 ▶ スタート

ふたを開け、ときどきまぜながら半熟状になるまで煮る。煮詰めるキーがないとき（KN-HW24C）は、「煮物を作る」を選び、まぜてふたをしたまま煮る。

3 仕上がり

器にごはんを盛り、2をかける。

牛丼 ❄冷凍OK

甘辛しっかり味だから、
ごはんがついつい進みます。

材料（4人分）
牛切り落とし肉 … 400g
玉ねぎ（縦に5mm幅）… 2個
しょうが（薄切り）… 1かけ
A ［
　しょうゆ … 大さじ6
　砂糖 … 大さじ4
　酒、みりん … 各大さじ2
］
紅しょうが（せん切り）… 適量
ごはん … 4杯分

1 煮る

内ぶたにまぜ技ユニットをつける。内鍋に牛肉、玉ねぎ、しょうが、Aを入れる。内鍋を本体にセットしてふたを閉める。

手動で作る ▶ 煮物を作る ▶ まぜる ▶
15分 ▶ スタート

2 仕上がり

器にごはんを盛って、1をのせ、紅しょうがを添える。

絶妙の火加減で炊くから、
ごはん一粒、一粒にしっかりと味がつきます。

五目炊き込みごはん 冷凍OK

ごぼうやお揚げ、しいたけのうまみがごはんにじっくりとしみています。

材料（3合分）
米 … 3合
　→洗って水気をきる。
鶏もも肉（小さめの一口大）… ½枚（150g）
油揚げ（細切り）… 1枚
ごぼう（ささがき）… 50g
生しいたけ（薄切り）… 2枚
さやいんげん（2cm幅の斜め切り）… 50g
A｜みりん、しょうゆ、酒 … 各大さじ1
　｜塩 … 小さじ1

1 材料を入れる
内鍋に米を入れ、鶏肉、油揚げ、ごぼう、しいたけ、いんげんをのせ、3合の目盛りまで水適量（分量外）を加える。

2 炊く
①にAを加えてざっとまぜる。内鍋を本体にセットしてふたを閉める。

手動で作る ▶ ごはんを炊く ▶ 3合 ▶ スタート

3 炊き上がり
炊き上がったら大きくまぜ、器に盛る。

枝豆とじゃこの炊き込みごはん 🌨冷凍OK

旬の夏の時期に一度は味わいたいメニュー。じゃこのうまみと塩気がアクセント。

材料（3合分）

米 … 3合
　→洗って水気をきる。
枝豆（冷凍でも・さやから出す）… 100g
ちりめんじゃこ … 30g
昆布（5cm角）… 1枚
　→ぬれぶきんでさっとふく。
A ｜ 酒 … 大さじ2
　｜ 塩 … 小さじ1½

1 材料を入れる

内鍋に米、Aを入れ、枝豆、ちりめんじゃこ、昆布をのせ、3合の目盛りまで水適量（分量外）を加える。

2 炊く

内鍋を本体にセットしてふたを閉める。

手動で作る ▶ ごはんを炊く ▶ 3合 ▶ スタート

3 炊き上がり

炊き上がったら昆布を取り出して大きくまぜ、器に盛る。

食材アレンジ
枝豆をそら豆やグリーンピースに替えても。

味つきごはんも調味料が全体に行き渡り、むらなくおいしく炊き上がります。

チキンとミックスベジタブルのピラフ ❄冷凍OK

子どもからお年寄りまで、大人気。トマトジュースで手早く、簡単に作れます。

材料（3合分）
米 … 3合
→洗って水気をきる。
鶏もも肉 … 1枚（300g）
→小さめの一口大に切り、
塩、こしょう各少々をふる。
ミックスベジタブル（冷凍）… 100g
玉ねぎ（みじん切り）… ¼個

A
トマトジュース（無塩）… 1カップ
トマトケチャップ … ¼カップ
塩 … 小さじ 1¼
こしょう … 少々

1 材料を入れる

内鍋に米、Aを入れ、鶏肉、ミックスベジタブル、玉ねぎをのせ、3合の目盛りまで水適量（分量外）を加える。

2 炊く

内鍋を本体にセットしてふたを閉める。

手動で作る ▶ ごはんを炊く ▶ 3合 ▶ スタート

3 炊き上がり

炊き上がったら大きくまぜ、器に盛る。

食 べ 方 ア レ ン ジ

丸めて小麦粉、溶き卵、パン粉の順に衣をつけて揚げ、コロッケにしても。また、耐熱皿に入れてピザ用チーズをかけてオーブントースターで焼き、ドリアにしても。

めかじきとトマトの炊き込みごはん ❄冷凍OK

めかじきの切り身、丸ごとトマトをお米と一緒に炊くだけ。さっぱりとした中にもうまみぎっしり。

材料（3合分）

米…3合
　→洗って水気をきる。

めかじき（切り身）…2切れ
　→酒少々をふってからめる。

トマト…大1個
　→へたを取り除く。

A ┃ 塩…小さじ 1½
　┃ こしょう…少々

1 材料を入れる

内鍋に米を入れ、トマトを入れる。3合の目盛りまで水適量（分量外）を加える。

2 炊く

①にAを加えてざっとまぜ、めかじきをのせる。内鍋を本体にセットしてふたを閉める。

手動で作る ▶ ごはんを炊く ▶ 3合 ▶ スタート

3 炊き上がり

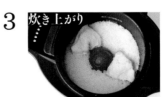

炊き上がったら大きくまぜる。器に盛って、あればパセリのみじん切りを散らす。

ビリヤニ風炊き込みごはん ❄冷凍OK

ビリヤニとは、たっぷりのスパイスに漬け込んだ肉を米と一緒に炊く、インドの家庭料理。

材料（3合分）

米（あればインディカ米）… 3合
　→洗って水気をきる。
鶏手羽元 … 8本
　→塩、こしょう各少々をふる。

A
- おろししょうが、おろしにんにく … 各1かけ分
- プレーンヨーグルト … 大さじ2
- シナモンスティック … 1本
- ローリエ … 1枚
- チリパウダー … 小さじ1
- ターメリック、クミンシード、ガラムマサラ … 各小さじ½
- 塩 … 小さじ1½
- こしょう … 少々

フライドオニオン（市販品）… 適量

食 材 ア レ ン ジ
鶏肉をラム薄切り肉に替えても。

1 下味をつける

ボウルにAを入れてまぜ、鶏肉を加えてもみ込み、30分ほどおく。

2 炊く

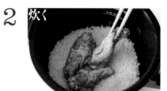

内鍋に米を入れ、1の鶏肉をのせて3合の目盛りまで水適量（分量外）を加える。内鍋を本体にセットしてふたを閉める。

手動で作る ▶ ごはんを炊く ▶ 3合 ▶ スタート

3 炊き上がり

炊き上がったら大きくまぜる。器に盛り、フライドオニオンを散らす。

おこわもホットクックに食材と調味料を入れるだけ。もちもち感が楽しめます。

中華風炊きおこわ ❄冷凍OK

もっちりとしたもち米に、豚肉や干しえびのうまみとこくがしみています。

材料（3合分）
もち米 … 3合
豚切り落とし肉 … 100g
　→2cm幅に切り、塩小さじ½、こしょう少々をふる。
干しえび（洗う）… 10g
干ししいたけ（薄切り・洗う）… 10g
長ねぎ（粗みじん切り）… ¼本
松の実 … 20g

A
| 赤唐辛子（種を取り除く）… 1本
| 酒、みりん、しょうゆ … 各大さじ1
| オイスターソース … 小さじ2
| ごま油 … 小さじ1
| シナモンパウダー … 5ふり

1 浸水させる

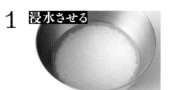

もち米は洗って水気をきり、ボウルに入れる。浸るくらいの水を加えて30分ほどおき、水気をきる。

2 炊く

内鍋に①のもち米、Aを入れ、豚肉、干しえび、干ししいたけ、長ねぎ、松の実をのせて3合の目盛りまで水適量（分量外）を加える。内鍋を本体にセットしてふたを閉める。

手動で作る ▶ ごはんを炊く ▶ 3合 ▶ スタート

3 炊き上がり

炊き上がったら大きくまぜ、器に盛る。

参鶏湯
<ruby>参<rt>サ</rt>鶏<rt>ム</rt>湯<rt>ゲ</rt></ruby> ❄冷凍OK

鶏肉の骨から出るうまみもごちそう。「おかゆ」モードで炊き上げます。

材料（4人分）
米 … 1合
　→洗って水気をきる。
鶏骨つきもも肉 … 1本
しょうが（薄切り）… 1かけ
にんにく（つぶす）… 1かけ
むき栗 … 80g
くこの実 … 大さじ1
塩 … 小さじ1
青ねぎ（小口切り）… 適量

1 材料を入れる

内鍋に米を入れ、鶏肉、しょうが、にんにく、むき栗、くこの実をのせ、水1ℓ（分量外）を加え、塩を加えてざっとまぜる。

2 炊く
内鍋を本体にセットしてふたを閉める。

メニューを選ぶ ▶ カテゴリーで探す ▶ 煮物 ▶
米 ▶ おかゆ ▶ スタート

3 炊き上がり
鶏肉を取り出して身をほぐし、骨を取り除いて内鍋に戻す。器に盛り、青ねぎを散らす。

ふつうに作ると
スープを何回かに分けて加えたり……。
そんな手間はいっさい不要！

チキンとセロリのレモンリゾット  冷凍OK

自動調理キーの「トマトリゾット」をチョイスするだけ。アルデンテでプロ級の仕上がりです。

材料（4人分）
米 … 2合
　→洗って水気をきる。
鶏もも肉 … 1枚（300g）
　→一口大に切り、塩、こしょう各少々をふる。
セロリ（薄切り）… 1本
レモン（国産・皮をむいて輪切り）… ½個
A ［ 水、牛乳 … 各1½カップ
　　 バター … 10g
　　 塩 … 小さじ1
　　 チキンコンソメ（顆粒）… 小さじ½
粉チーズ … 大さじ3
レモンの皮（国産・すりおろし）… 適量

1 材料を入れる

内鍋に米を入れ、鶏肉、セロリ、レモン、Aを入れ
てざっとまぜる。

2 炊く

内鍋を本体にセットして、ふたを閉
める。

メニューを選ぶ ▶ カテゴリーで探す ▶ 煮物 ▶
米 ▶ トマトリゾット ▶ スタート

3 炊き上がり

粉チーズを加えてまぜ、器に盛る。レモンの皮を
散らし、好みで粗びき黒こしょうをふる。

食 材 ア レ ン ジ
鶏肉の代わりにベーコンやハムを使っても。

食材を炒めたり、フライパンを振ったりの手間いらず。焦げつく心配もありません。

チャプチェ（作り方はp.68）

パッタイ（作り方はp.68）

ボロネーゼペンネ（作り方はp.69）

パスタをゆでる鍋、具を作るフライパンいらず。
ホットクック一台で作れます。

さば缶ナポリタン（作り方はp.69）

67

チャプチェ ❄冷凍OK

食材のうまみとこく、調味料の香りが春雨にしっかりとしみています。おかずにおつまみにお弁当にも。

材料（2人分）
春雨（乾燥）… 60g
牛切り落とし肉 … 100g
生しいたけ（薄切り）… 3枚
にら（3cm幅）… 30g
にんじん（細切り）… 40g
長ねぎ（縦半分に切って斜め薄切り）… ½本
A
| おろしにんにく … 1かけ分
| 水 … ½ カップ
| 酒 … 大さじ2
| コチュジャン … 大さじ1
| しょうゆ、ごま油 … 各大さじ½
| 鶏ガラスープのもと（顆粒）… 小さじ1
| 塩、こしょう … 各少々
白すりごま … 適量

1 材料を入れる

内ぶたにまぜ技ユニットをつける。春雨はさっと洗って内鍋に入れ、牛肉、しいたけ、にら、にんじん、長ねぎ、Aを加える。

2 加熱する

内鍋を本体にセットしてふたを閉める。

手動で作る ▶ 煮物を作る ▶ まぜる ▶ 10分 ▶ スタート

3 仕上がり

器に盛ってごまをふる。

パッタイ ❄冷凍OK

米のめん・フォーを使ったナンプラー味のタイ風焼きそば。もちもち食感に仕上がります。

材料（2人分）
フォー（乾燥）… 100g
豚バラ薄切り肉（2cm幅）… 100g
むきえび … 100g
　→背わたを取り除く。
もやし … 100g
　→ひげ根を取り除く。
玉ねぎ（縦に薄切り）… ¼個
にら（3cm幅）… 30g
A
| 水 … 1カップ
| ナンプラー … 大さじ1½
| サラダ油 … 小さじ2
| オイスターソース、砂糖 … 各小さじ1
| 鶏ガラスープのもと（顆粒）… 小さじ½
| 一味唐辛子 … 小さじ¼
| こしょう … 少々
パクチー（ざく切り）… 適量
ライム（くし形切り）… 2切れ
バターピーナッツ（砕く）… 30g

1 材料を入れる

内ぶたにまぜ技ユニットをつける。フォーはさっと洗って内鍋に入れ、豚肉、えび、もやし、玉ねぎ、にら、Aを加える。

2 加熱する

内鍋を本体にセットしてふたを閉める。

手動で作る ▶ 煮物を作る ▶ まぜる ▶ 15分 ▶ スタート

3 仕上がり

器に盛ってパクチー、ライムを添え、ピーナッツを散らす。

ボロネーゼペンネ ❄冷凍OK

トマトの酸味と甘みが、ひき肉とペンネにしっかりとからみます。ひと鍋でほっとくだけ。

材料（2人分）
ペンネ（12分ゆで）… 160g
玉ねぎ（みじん切り）… ¼個
にんにく（みじん切り）… 1かけ

A ┌ 合いびき肉 … 150g
　│ ローリエ … 1枚
　│ 水、トマトの水煮（缶詰）… 各1カップ
　│ オリーブ油 … 小さじ2
　│ チキンコンソメ（顆粒）… 小さじ1
　│ 塩 … 小さじ⅔
　│ こしょう … 少々
　└ →ボウルに入れてまぜる。

1 材料を入れる

内ぶたにまぜ技ユニットをつける。内鍋にペンネを入れ、A、玉ねぎ、にんにくを加える。

2 加熱する

内鍋を本体にセットしてふたを閉める。

手動で作る ▶ 煮物を作る ▶ まぜる ▶ 10分 ▶ スタート

3 仕上がり

器に盛る。

さば缶ナポリタン ❄冷凍OK

さば缶のうまみとケチャップの甘みが、絶妙のバランスです。ひと皿で栄養も抜群。

材料（2人分）
スパゲッティ（7分ゆで）… 160g
さばの水煮（缶詰）… 1缶（200g）
玉ねぎ（縦に薄切り）… ½個

A ┌ 水 … 1カップ
　│ 塩 … 小さじ¼
　└ こしょう … 少々

B ┌ ピーマン（薄切り）… 2個
　│ トマトケチャップ … 大さじ5
　└ ソース（ウスターまたは中濃）… 小さじ1

1 材料を入れる

内ぶたにまぜ技ユニットをつける。内鍋に玉ねぎ、半分に折ったスパゲッティ、さばを缶汁ごと入れ、Aを加える。

2 加熱する

内鍋を本体にセットしてふたを閉める。

手動で作る ▶ 煮物を作る ▶ まぜる ▶ 5分 ▶ スタート

3 煮詰める

ふたを開けてBを加え、さっとまぜる。ふたをして煮詰める。煮詰めるキーがないとき（KN-HW24C）は、「煮物を作る」を選び、よくまぜてふたをしたまま煮る。

手動で作る ▶ 煮詰める ▶ 1分 ▶ スタート

時間のかかる豆の下ゆでも、ほっとくだけ。
加熱むらもなく、ふっくら。

ゆで大豆（作り方はp.72）

ゆでる　蒸す

時間のかかる豆の下ゆでや、素材本来の味を楽しむ蒸し野菜。
どちらもホットクックにおまかせです。見張っている必要がないので、気持ちもぐんとラク。
多めに作っておけば、サラダや煮込み、炒め物など、おいしいアレンジが作れます。

ゆでひよこ豆（作り方はp.73）

アレンジ

大豆と長ねぎのみそ炒め（作り方は p.72）

アレンジ

ポークビーンズ（作り方は p.72）

ひよこ豆とセロリのサラダ（作り方は p.73）

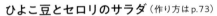

アレンジ

ひよこ豆カレー（作り方は p.73）

アレンジ

ゆで大豆 ❄冷凍OK*

ポクポクとしたおいしいゆで上がり。
たくさん作ってアレンジを楽しみましょう。

* 水気をきって冷凍用保存袋に入れる。
　ゆで汁ごと密閉容器に入れ、冷蔵庫
　でも3〜4日保存可能。

材料（作りやすい分量）
大豆 … 1カップ
水 … 3カップ

1 水につける

大豆は洗ってボウルに入れ、分量の水を加えて一晩おく。

2 材料を入れる

内鍋に[1]をつけ汁ごと入れる。内鍋を本体にセットし、蒸しトレイを落としぶた代わりにのせる。

3 ゆでる

ふたを閉める。

手動で作る ▶ 好みの設定加熱 ▶ 弱火 ▶ まぜない ▶ 1時間 ▶ スタート

好みの設定加熱キーがないとき（KN-HW24C）は

メニューを選ぶ ▶ カテゴリーで探す ▶ 煮物 ▶

豆 ▶ 五目豆 ▶ スタート

┌ **アレンジ** ─────────

ごま油＋みそで仕上げたこっくり味。
常備菜にしておくのも、おすすめです。

大豆と長ねぎのみそ炒め 冷凍OK

材料（2人分）
ゆで大豆 … 100g
長ねぎ（1cm幅の小口切り）… 1本
ごま油 … 小さじ2
A[みそ、みりん … 各大さじ1

1 炒める
フライパンにごま油を中火で熱し、長ねぎを入れて炒める。

2 調味する
長ねぎに焼き色がついたら、大豆、Aを加えて手早くからめ、器に盛る。

┌ **アレンジ** ─────────

ホットクックで作れば、ブロック肉もほろりとおいしく煮上がります。

ポークビーンズ 冷凍OK

材料（4人分）
ゆで大豆 … 200g
豚肩ロース肉（塊）… 300g
　→一口大に切り、塩、こしょう各少々をふる。
玉ねぎ（みじん切り）… 1個
にんにく（みじん切り）… 1かけ
　┌ トマトの水煮（缶詰）… 2カップ
　│ ローリエ … 1枚
A │ 塩、しょうゆ … 各小さじ1
　└ こしょう … 少々

1 材料を入れる

内ぶたにまぜ技ユニットをつける。内鍋に大豆、豚肉、玉ねぎ、にんにく、Aを入れる。

2 煮る

内鍋を本体にセットしてふたを閉める。

手動で作る ▶ 煮物を作る ▶ まぜる ▶ 10分 ▶ スタート

3 煮上がり

器に盛り、あればパセリのみじん切りをふる。

ゆでひよこ豆 ❄冷凍OK *

どんな素材とも相性がいいので、
サラダ、煮込みに大活躍。

* 水気をきって冷凍用保存袋に入れる。
　ゆで汁ごと密閉容器に入れ、冷蔵庫
　でも3〜4日保存可能。

材料（作りやすい分量）

ひよこ豆 … 1カップ

水 … 3カップ

1　水につける

ひよこ豆は洗ってボウルに入れ、分
量の水を加えて一晩おく。

2　材料を入れる

内鍋に1をつけ汁ごと入れる。内鍋を本体にセット
し、蒸しトレイを落としぶた代わりにのせる。

3　ゆでる

ふたを閉める。

手動で作る ▶ 好みの設定加熱 ▶ 弱火 ▶ まぜない ▶ 1時間 ▶ スタート

好みの設定加熱キーがないとき（KN-HW24C）は

メニューを選ぶ ▶ カテゴリーで探す ▶ 煮物 ▶

豆 ▶ 五目豆 ▶ スタート

┌ アレンジ ─────────

レモン汁+クミンシードであえた、
デリ風の味つけです。

ひよこ豆とセロリのサラダ　冷凍OK

材料（2〜3人分）

ゆでひよこ豆 … 100g

セロリ … 1本
　→茎は1.5cm角、葉は1cm幅に切る。

オリーブ油 … 大さじ1

クミンシード … 小さじ¼

A ┌ レモン汁 … 小さじ2
　├ 塩 … 小さじ⅓
　└ こしょう … 少々

1　盛る

器にひよこ豆、セロリの茎と葉を合わせて盛る。

2　調味する

フライパンにオリーブ油、クミンシードを入れ
て中火で熱し、フツフツとしたら、1に加え、
Aも加えてあえる。

┌ アレンジ ─────────

ごはんはもちろん、ナンにつけたり、
パスタにかけたりしてもおいしい。

ひよこ豆カレー　冷凍OK

材料（2〜3人分）

ゆでひよこ豆 … 150g

合いびき肉 … 150g

玉ねぎ（みじん切り）… ½個

にんにく（みじん切り）… 1かけ

しょうが（みじん切り）… 1かけ　　A

A ┌ トマトの水煮（缶詰）… 1カップ
　├ バター … 20g
　├ カレー粉 … 大さじ1
　├ ソース（ウスターまたは中濃）
　│ 　… 小さじ2
　├ 塩 … 小さじ1
　├ ターメリックパウダー、ガラムマサラ、
　│ 　クミンシード … 各小さじ½
　└ こしょう … 少々

1　材料を入れる

内ぶたにまぜ技ユニットをつける。
内鍋にひよこ豆、ひき肉、玉ねぎ、
にんにく、しょうが、Aを入れる。

2　煮る

内鍋を本体にセットしてふたを閉める。

手動で作る ▶ 煮物を作る ▶ まぜる ▶ 10分 ▶ スタート

3　煮上がり

器に盛り、あればナンを添える。

蒸しじゃがいも
（作り方はp.76）

ゆでる　蒸す

付属の蒸しトレイまたは蒸し板に野菜をのせて、
水と一緒にホットクックにセットするだけ！

蒸しさつまいも
（作り方はp.77）

アレンジ

蒸しじゃがのなめたけバター（作り方は p.76）

アレンジ

ポテトとサーモンのサラダ（作り方は p.76）

おさつのクリチーサラダ（作り方は p.77）

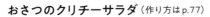

アレンジ

さつまいもとコンビーフのコロッケ（作り方は p.77）

アレンジ

蒸しじゃがいも

じんわり加熱することで甘みが増し、ほっくりと蒸し上がります。

材料（作りやすい分量）
じゃがいも … 4個（600g）
　→よく洗う。
水 … 1カップ

1 蒸す

蒸しトレイ（蒸し板）にじゃがいもをのせる。内鍋に分量の水を入れて本体にセットして蒸しトレイをのせ、ふたを閉める。

手動で作る ▶ 蒸す ▶ 30分 ▶ スタート

アレンジ

シンプルだからこそ、おいものおいしさが楽しめます。蒸したてをどうぞ。

蒸しじゃがのなめたけバター

材料（2人分）
蒸しじゃがいも … 2個
なめたけ（瓶詰）… 大さじ2
バター … 10g
万能ねぎ（小口切り）… 適量

1 調味する

じゃがいもは半分に切って器に盛り、なめたけ、バターをのせて万能ねぎをふる。

アレンジ

スモークサーモンとケイパーでシンプルにいただく、大人味のサラダ。

ポテトとサーモンのサラダ

材料（3〜4人分）
蒸しじゃがいも … 2個
スモークサーモン（ちぎる）… 4枚
玉ねぎ … ¼個
　→縦に薄切りにして水にさらし、水気をきる。

A ┤ 塩 … 小さじ¼
　└ こしょう … 少々

B ┤ ケイパー … 大さじ1
　│ ディル（ちぎる）… 1本
　└ オリーブ油 … 大さじ1

1 つぶす

じゃがいもは熱いうちに皮をむいてボウルに入れ、Aをふってつぶし、冷ます。

2 調味する

1にサーモン、玉ねぎ、Bを加えてまぜる。

蒸しさつまいも ❄冷凍OK

蒸したてに塩をふって食べるだけでも、最高です。

材料（作りやすい分量）
さつまいも … 2本（600g）
　→よく洗う。
水 … 1カップ

1 蒸す

蒸しトレイ（蒸し板）にさつまいもをのせる。内鍋に
分量の水を入れて本体にセットして蒸しトレイを
のせ、ふたを閉める。

手動で作る ▶ 蒸す ▶ 20分 ▶ スタート

アレンジ

甘いさつまいもにクリームチーズの
こくと塩気が、ナイスマッチ。

おさつのクリチーサラダ

材料（4人分）
蒸しさつまいも … 1本（300g）
クリームチーズ … 100g
　→室温に出してやわらかくする。
塩 … ふたつまみ

1 調味する

ボウルにさつまいもを入れて大まかにつぶし、
クリームチーズ、塩を加えてざっくりとあえる。

2 仕上げる

器に1を盛り、あればピンクペパブル少々を
散らす。

アレンジ

コンビーフの濃いうまみと独特の風味が、
さつまいもとよく合います。

さつまいもとコンビーフのコロッケ

冷凍OK
（揚げる前の
衣をつけたもの）

材料（6個分）
蒸しさつまいも … 1本（300g）
コンビーフ … 1缶（80g）
小麦粉、溶き卵、パン粉 … 各適量
揚げ油 … 適量

1 たねを作る

さつまいもは熱いうちにボウルに入
れてつぶす。ほぐしたコンビーフを
加えて混ぜ、6等分の円形にまとめ
る。小麦粉、溶き卵、パン粉の順に
衣をつける。

2 揚げる

揚げ油を170℃に熱して1を入れ、
からりとするまで色よく揚げる。油を
きって器に盛り、あればパセリを添
える。好みでソース（ウスターまた
は中濃）をかけて食べる。

蒸しかぼちゃ
（作り方はp.80）

ゆでる　蒸す

ホットクックでじんわり蒸せば、
野菜の甘みがいっそう際立ちます。

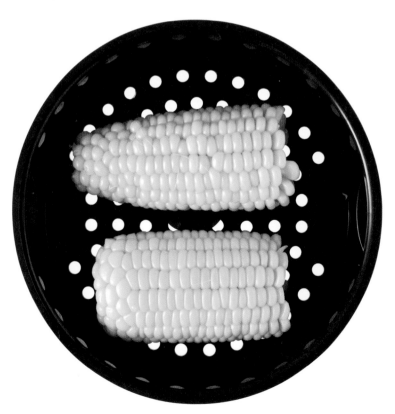

蒸しとうもろこし
（作り方はp.81）

アレンジ

かぼちゃと玄米フレークのマヨサラダ（作り方は p.80）

アレンジ

かぼちゃとソーセージのチーズ焼き（作り方は p.80）

サルササラダ（作り方は p.81）

アレンジ

コーンと桜えびの落とし揚げ（作り方は p.81）

アレンジ

蒸しかぼちゃ ❄冷凍OK

ほっくりとしていて自然な甘みだから、アレンジも自由自在にできます。

材料（作りやすい分量）
かぼちゃ … ¼個（正味400g）
　→わたと種を取り除き、四つに切る。
水 … 1カップ

1 蒸す
蒸しトレイ（蒸し板）にかぼちゃをのせる。内鍋に
分量の水を入れて本体にセットして蒸しトレイを
のせ、ふたを閉める。

| 手動で作る | ▶ | 蒸す | ▶ | 10分 | ▶ | スタート |

アレンジ

玄米フレークの食感、
レーズンのほどよい酸味がアクセント。

かぼちゃと玄米フレークの
マヨサラダ

材料（3〜4人分）
蒸しかぼちゃ … ¼個分
玄米フレーク … 40g
レーズン … 40g
A ［ 塩、こしょう … 各少々
マヨネーズ … 大さじ3

1 つぶす
かぼちゃは熱いうちにボウルに入れ、Aをふっ
て粗くつぶし、冷ます。

2 調味する

①に玄米フレーク、レーズン、マヨネーズを加えてまぜる。

アレンジ

カマンベールチーズを使って、濃厚な味わいに。
赤ワインにもぴったり。

かぼちゃとソーセージの
チーズ焼き

材料（2人分）
蒸しかぼちゃ（一口大） … ¼個分
ウィンナーソーセージ（2cm幅） … 4本（80g）
カマンベールチーズ … 50g
塩 … 少々

1 器に入れる

耐熱容器にかぼちゃ、ウィンナーソーセージを詰め、ちぎったカマンベールチーズを散らし、塩をふる。

2 焼く
オーブントースターで①を5分ほど焼く。好
みで粗びき黒こしょうをふる。

蒸しとうもろこし ❄冷凍OK

旬の夏の時期に一度は楽しみたい。フレッシュな粒感が味わえます。

材料（作りやすい分量）

とうもろこし … 1本
→皮やひげ根を取り除き、半分に切る。

水 … 1カップ

1 蒸す

蒸しトレイ（蒸し板）にとうもろこしをのせる。内鍋に分量の水を入れて本体にセットして蒸しトレイをのせ、ふたを閉める。

| 手動で作る | ▶ | 蒸す | ▶ | 10分 | ▶ | スタート |

アレンジ

ほんのり甘くてピリッと辛い。
カラフルな色合いにも、食欲が刺激されます。

サルササラダ

材料（2人分）

蒸しとうもろこし … ½本
トマト（1.5cm角）… ½個
きゅうり … ½本
→四つ割りにし、1cm幅に切る。
パクチー（1cm幅）… 30g

A
オリーブ油 … 大さじ1
レモン汁 … 大さじ½
はちみつ … 小さじ1
塩 … 小さじ¼
タバスコ … 5ふり
こしょう … 少々
→ボウルに入れて混ぜる。

1 実をそぎ取る

とうもろこしは立て、身と芯の間に包丁を入れてそぎ取る。

2 調味する

大きめのボウルに１、トマト、きゅうり、パクチーを入れ、Aを加えてまぜ、器に盛る。

アレンジ

そのままおかずやおつまみに、
うどんやそばにのせても。

コーンと桜えびの落とし揚げ

材料（2人分）

蒸しとうもろこし … ½本
→実をそぎ取ってほぐす。
桜えび…3g

A
木綿豆腐（水気をきる）… 100g
万能ねぎ（小口切り）… 5g
片栗粉 … 大さじ2

揚げ油 … 適量
塩 … 適量

1 たねを作る

ボウルにとうもろこし、桜えび、Aを入れて練りまぜる。

2 揚げる

揚げ油を170℃に熱し、１を大きめのスプーンですくってすべらせるように入れ、両面を色よく揚げる。油をきって器に盛り、塩を添える。

レモン甘麹（作り方はp.84）

アレンジ

レモン甘麹シャーベット（作り方はp.84）

手作り発酵食品

発酵食品の代表選手・塩麹やヨーグルト、納豆などなど。手作りすればおいしさも格別。
免疫力アップにも効果的です。

塩麹（作り方はp.84）

アレンジ

サーモンカルパッチョ（作り方はp.84）

スパイス甘麹（作り方はp.85）

アレンジ

チャイ風甘酒（作り方はp.85）

温度管理が難しい麹も、
おまかせでOK。
長時間かかっても、
ほっとくだけだから安心です。

ヨーグルト（作り方はp.85）

アレンジ

ドライフルーツのヨーグルト漬け（作り方はp.85）

レモン甘麹 ❄️冷凍OK

いちごやざくろ、ブルーベリーなど
季節のフルーツで作ってもおいしい。

材料（作りやすい分量）
米麹 … 200g
レモン（国産・いちょう切り）… 1個
水 … 1½ カップ

1 材料を入れる
内鍋はアルコールで消毒し、麹をよくほぐして入れる。レモン、分量の水を加えてよくまぜる。

2 発酵させる
内鍋を本体にセットしてふたを閉める。

手動で作る ▶ 発酵・低温調理をする ▶ 55℃ ▶
8時間 ▶ スタート

3 保存する
粗熱を取って清潔な容器に移し、保存する。冷蔵庫では約3日間。

冷凍保存もおすすめ。
冷凍用保存袋に入れて空気をしっかりと抜き、口を閉じる。

アレンジ

さっぱりとした中にも、麹のやさしい甘みが広がります。
ヨーグルトにかけても。

レモン甘麹シャーベット　冷凍OK

材料（2人分）
レモン甘麹 … 160g

1 凍らせる
密閉容器に入れ、冷凍庫に入れて2〜3時間おく。3〜4回取り出し、その都度全体をフォークなどでほぐし、器に盛る。

塩麹 ❄️冷凍OK

炒め物の味つけに使ったり、
肉の下味にからめたりするのもおすすめです。

材料（作りやすい分量）
米麹 … 200g
塩 … 大さじ2
水 … 1½ カップ

1 材料を入れる
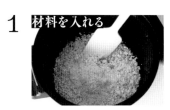
内鍋はアルコールで消毒し、麹をよくほぐして入れる。塩、分量の水を加えてよくまぜる。

＊塩分が強いものを内鍋に長時間入れておくと傷む可能性があるので、心配なときはオーブン用シートを敷いておくといい。

2 発酵させる
内鍋を本体にセットしてふたを閉める。

手動で作る ▶ 発酵・低温調理をする ▶ 55℃ ▶
8時間 ▶ スタート

3 保存する
粗熱を取って清潔な容器に移し、保存する。冷蔵庫では約3日間。

アレンジ

塩麹を加えた絶品ドレッシングで
いただきます。

サーモンカルパッチョ

材料（2人分）
サーモン（薄切り）… 150g
水菜（4cm長さ）… 20g
万能ねぎ（小口切り）… 大さじ1
A ┃ 塩麹、オリーブ油、白ワインビネガー … 各大さじ1
　 ┃ 砂糖 … 小さじ ½
　 ┃ →ボウルに入れてまぜる。

1 器に盛る
器にサーモンを敷いて水菜をのせ、万能ねぎを散らす。Aを全体に回しかける。

スパイス甘麹 ❄冷凍OK

カルダモン＋シナモンで
独特の風味と味わいに。

材料（作りやすい分量）
米麹 … 200g
カルダモン、シナモン … 各小さじ1
水 … 350ml

1 材料を入れる

内鍋はアルコールで消毒し、麹をよくほぐして入れる。カルダモン、シナモン、分量の水を加えてよくまぜる。

2 発酵させる

内鍋を本体にセットしてふたを閉める。

| 手動で作る ▶ 発酵・低温調理をする ▶ 55℃ ▶ |
| 8時間 ▶ スタート |

3 保存する

粗熱を取って清潔な容器に移し、保存する。冷蔵庫では約3日間。

ヨーグルト

市販のヨーグルトと牛乳をまぜるだけ。
一味違うおいしさに仕上がります。

材料（作りやすい分量）
プレーンヨーグルト … 50g
牛乳 … 2½ カップ

1 材料を入れる

内鍋はアルコールで消毒し、清潔にする。内鍋に牛乳を入れ、ヨーグルトを加えて、よくまぜる。

2 発酵させる

内鍋を本体にセットしてふたを閉める。

| 手動で作る ▶ 発酵・低温調理をする ▶ 40～43℃ ▶ |
| 8時間 ▶ スタート |

3 保存する

粗熱を取って清潔な容器に移し、保存する。冷蔵庫では約3日間。

アレンジ

心も体もほっとなごんで温まります。

チャイ風甘酒

材料（1人分）
スパイス甘麹 … ¼ カップ
牛乳 … ½ カップ

1 温める

小鍋にスパイス甘麹、牛乳を入れ、まぜながら温める。ブレンダーでなめらかにすると、さらに飲みやすい。

アレンジ

好みのドライフルーツを切って、
ヨーグルトに一晩漬けるだけ。

ドライフルーツのヨーグルト漬け

材料（2人分）
ヨーグルト … 200g
マンゴー、パイナップルのドライフルーツ
（食べやすく切る）… 各20g

1 漬ける

密閉容器にヨーグルト、ドライフルーツを入れ、一晩おく。

2 盛る

器に盛り、あればミントを添える。

手作り発酵食品

あじ納豆（作り方はp.88）

納豆（作り方はp.88）

ねばねば食材のり包み（作り方はp.88）

手作りならではの力強い味。
長時間の発酵も、おまかせだから、
らくちんです。

アレンジ

塩昆布と白菜のまぜごはん（作り方はp.89）

発芽玄米ごはん（作り方はp.89）

玄米せんべい（作り方はp.89）

アレンジ

納豆 ❄️冷凍OK

大豆のしっかりとした味わいで、体の中から元気になれそう。

材料（作りやすい分量）

大豆 … ½ カップ

水 … 1½ カップ

納豆* … 1パック（40g）

* 大粒のものがおすすめ。
　新鮮なものを選ぶこと。

1 水につける

大豆は洗ってボウルに入れ、分量の水を加えて
一晩おく。

2 ゆでる

内鍋に ① をつけ汁ごと入れる。内鍋
を本体にセットし、蒸しトレイを落とし
ぶた代わりにのせる。ふたを閉める。

▶ 手動で作る ▶ 好みの設定加熱 ▶ 弱火 ▶ まぜない ▶ 1時間30分 ▶ スタート

好みの設定加熱キーがないとき（KN-HW24C）は、

▶ メニューを選ぶ ▶ カテゴリーで探す ▶ 煮物 ▶ 豆 ▶ 五目豆 ▶ スタート

3 納豆を加える

②の水気をきって内鍋に戻し、納豆
を加えてよくまぜ、ふたを閉める。

▶ 手動で作る ▶ 発酵・低温調理をする ▶ 40℃ ▶ 15時間 ▶ スタート

※ 発酵が足りないときは、様子を見ながらさらに加熱する。

アレンジ

お刺身はいかやまぐろなど、
好みのものを使って。

あじ納豆

材料（2人分）

納豆…50g

あじ（刺身・1cm角）… 50g

青じそ（粗みじん切り）… 2枚

おろししょうが … ½かけ分

長ねぎ（粗みじん切り）… 5g

しょうゆ … 小さじ1

1 盛る

器に納豆を盛り、あじ、青じそ、おろししょうが、
長ねぎをのせてしょうゆをかける。よくまぜて
食べる。

アレンジ

おつまみにも、ごはんを
一緒にのせて包んで食べても。

ねばねば食材のり包み

材料（2人分）

納豆 … 50g

いか（刺身・細切り）… 50g

オクラ … 4本

味つきめかぶ … 1パック（40g）

A ｜ 白いりごま … 小さじ1
　｜ 塩 … ふたつまみ

焼きのり（全形・4等分）… 2枚

1 下ごしらえ

オクラは塩少々（分量外）をまぶし、熱湯で
さっとゆでる。水にとって冷まし、水気をきっ
て小口切りにする。

2 盛る

器に納豆、いか、①、めかぶ、Aを入れてま
ぜる。のりで包みながら食べる。

発芽玄米ごはん ❄冷凍OK

玄米を発芽させてから炊くと、粒感が出て栄養価もぐんとアップ。

材料（3合分）

玄米 … 3合
　→さっと洗う

水 … 適量

1 発酵させて発芽玄米にする

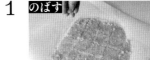

内鍋に玄米を入れ、3合の目盛りより1cm多く水を加える。内鍋を本体にセットし、ふたを閉める。

手動で作る ▶ 発酵・低温調理をする ▶ 37℃ ▶
4時間 ▶ スタート

2 炊く

①をざるに上げ、水気をきって内鍋に戻す。水610㎖を加える。内鍋を本体にセットし、ふたを閉める。

手動で作る ▶ ごはんを炊く ▶ 3合 ▶ スタート

炊き上がったら大きくまぜる。

アレンジ

塩もみした白菜の
しゃきしゃき感がアクセント。

塩昆布と白菜のまぜごはん

材料（2人分）

発芽玄米ごはん … 300g
塩昆布 … 10g
白菜 … 50g
白いりごま … 小さじ1

1 白菜を塩もみする

白菜は1cm幅に切って塩ふたつまみ（分量外）をふってもみ、10分ほどおく。しんなりとしたら水気を絞る。

2 まぜる

ボウルに発芽玄米ごはん、塩昆布、①、ごまを入れてまぜ、器に盛る。

アレンジ

独特の香ばしさと
楽しい歯ごたえが魅力です。

玄米せんべい

材料（作りやすい分量）

発芽玄米ごはん … 150g
A ｜ 塩 … ふたつまみ
　　白いりごま … 小さじ½

1 のばす

オーブン用シート2枚に発芽玄米ごはんをはさみ、めん棒を転がして薄くのばす。上のシートを取り除き、Aをふって切り込みを入れる。

2 焼く

アルミホイルを敷いた天板に①をのせ、オーブントースターで3分ほど焼く。またはオーブン用シートにのせたまま、電子レンジで5〜6分加熱してもいい。

おやつ

ホットクックなら、ゆっくりじんわり、むらなく加熱されるので、失敗知らずで安心です。
スコーンや蒸しパンは中までふっくら。ゆであずきなどは絶妙の火加減で煮上がります。

ホットクックの内鍋で焼くから、型いらずです。

スコーン（作り方はp.92）

黒糖バナナ蒸しパン（作り方はp.93）

スコーン ❄冷凍OK

ホイップクリームやジャムをつけてどうぞ。朝食やティータイムにも。

材料 (作りやすい分量)

A
- 卵 … 1個
- プレーンヨーグルト、牛乳 … 各50g
  → ボウルに入れてゴムべらでまぜる。

B
- 薄力粉 … 250g
- ベーキングパウダー … 大さじ1
- 砂糖 … 小さじ2

- バター (1cm角・室温にもどす) … 50g
- 好みのジャム、ホイップクリーム … 各適量

---

1 粉類とバターをまぜる

大きめのボウルにBを入れ、バターを加える。指でバターをつぶしながら粉とまぜ合わせる。

2 Aを加える

1にAを加え、手でまぜ合わせる。

3 まぜ終わり

粉っぽさがなくなり、全体がまとまったらOK。

4 生地を入れ、切り込みを入れる

内鍋 * に3を入れ、放射状に8等分の切り込みを入れる。

* 最新機種 (p.7参照) 以外を使うときは、くっつかないように内鍋にオーブン用シートを敷く。

5 焼く

内鍋を本体にセットしてふたを閉める。

手動で作る ▶ ケーキを焼く ▶ 15分 ▶ スタート

6 返してさらに焼く

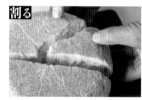

内鍋を取り出し、生地を裏返す。内鍋を本体にセットして、ふたを閉める。

手動で作る ▶ ケーキを焼く ▶ 15分 ▶ スタート

7 割る

取り出して冷まし、切り込みに沿って割る。器に盛り、ジャムやホイップクリームをつけて食べる。

食べ方アレンジ

メープルシロップやはちみつ、やわらかくしたクリームチーズをかけても。

黒糖バナナ蒸しパン ❄冷凍OK

バナナのやさしい甘み、チーズの塩気が絶妙のハーモニー。

材料（作りやすい分量）

バナナ … 1本

A
- 卵 … 1個
- 牛乳 … ½ カップ
- 黒糖 … 大さじ3
- サラダ油 … 大さじ1
  - →ボウルに入れる。

B
- 薄力粉 … 250g
- ベーキングパウダー … 小さじ1

ピザ用チーズ … 50g

---

1 下ごしらえ
バナナは1cm幅の輪切りにする。大きめのボウルにBを合わせて、ふるう。

2 Aを加える
1にAを加え、ゴムべらでまぜる。

3 バナナ、チーズを加える
全体がまとまったら、バナナ、ピザ用チーズを加えてざっとまぜる。

4 生地を入れる
内鍋の内側＊にサラダ油適量（分量外）を薄くぬり、3を入れる。

5 焼く
内鍋を本体にセットしてふたを閉める。

手動で作る ▶ ケーキを焼く ▶ 40分 ▶ スタート

取り出して冷まし、食べやすく切る。

＊ 最新機種（p. 7参照）以外を使うときは、くっつかないように内鍋にオーブン用シートを敷く。サラダ油はぬらなくていい。

ゆであずき 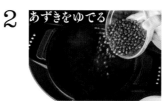 冷凍OK

素朴で懐かしいおいしさ。
作り方をマスターすれば、アレンジは無限大です。

材料（作りやすい分量）
あずき … 100g
　→さっと洗って水気をきる。
水 … 2カップ
A｜ 砂糖 … 100g
　｜ 塩 … 小さじ¼

つるんと口当たりのいい寒天に、
あずきをたっぷりと。

あずき寒天

| アレンジ |

1 湯を沸かす

内鍋に分量の水を入れる。内鍋を本体にセットし、ふたを閉める。

| 手動で作る | ▶ | めんをゆでる | ▶ | スタート |

2 あずきをゆでる

「食材を入れてください」とメッセージが流れたら、保温とりけしキーを押す。あずきを入れてふたを閉める。

| 手動で作る | ▶ | 好みの設定加熱 | ▶ | 弱火 | ▶ | まぜない | ▶ |
| 1時間 | ▶ | スタート |

好みの設定温度キーがないとき（KN-HW24C）は、

| メニューを選ぶ | ▶ | 食材で探す | ▶ | 穀物・乾物・豆 | ▶ |
| 豆・豆製品 | ▶ | 黒豆 | ▶ | スタート |

3 調味する

ふたを開け、Aを加えて（黒豆キーを押したときは、「食材を入れて下さい」とメッセージが流れたら加える）ふたを閉める。ふたを開け、ときどきまぜながら煮詰める。煮詰めるキーがないとき（KN-HW24C）は鍋に移し、弱めの中火で15分煮る。

| 手動で作る | ▶ | 煮詰める | ▶ |
| 15分 | ▶ | スタート |

4 煮上がり

よく冷まして清潔な密閉容器に入れて保存する。
冷蔵庫でも3〜4日保存可能。

材料（4人分・14×15×高さ4.5cmの流し缶1台分）
ゆであずき … 上記全量
粉寒天 … 1袋（4g）
水 … 2½カップ

1 煮る

内ぶたにまぜ技ユニットをつける。内鍋に粉寒天、分量の水を入れる。内鍋を本体にセットし、ふたを閉める。

| 手動で作る | ▶ | 煮物を作る | ▶ | まぜる | ▶ | 3分 | ▶ | スタート |

2 冷やし固める

内鍋を取り出し、流し缶に①の寒天液を流し入れ、粗熱を取る。冷蔵庫で2時間以上冷やし固める。食べやすく切って器に盛り、ゆであずきをかける。

材料（4人分）
かぼちゃ（皮をむいて一口大）… ¼個（正味300g）
水 … ½カップ
A ┌ ココナッツミルク … 2カップ
　└ はちみつ … 80g
切り餅（半分に切る）… 4個

1 かぼちゃを煮る

内ぶたにまぜ技ユニットをつける。内鍋にかぼちゃ、分量の水を入れる。内鍋を本体にセットし、ふたを閉める。

手動で作る ▶ 煮物を作る ▶ まぜる ▶

15分 ▶ スタート

2 調味する

ふたを開け、Aを加えてよくまぜる。切り餅を加え、ふたを閉める。

手動で作る ▶ 煮物を作る ▶ まぜない ▶

10分 ▶ スタート

器に盛り、好みでシナモンパウダーやターメリックパウダーをふる。

かぼちゃの ココナッツミルク汁粉

かぼちゃの甘み、ココナッツミルクの風味がマッチ。
切り餅を加えてとろり、ふんわり。

ホットクックなら食材の量に合わせて、ぴったりの火加減で自動調理をします。

材料（作りやすい分量）
いちじく（皮をむく）… 8個
A ┌ 白ワイン … 1カップ
　│ 砂糖 … 100g
　│ シナモンスティック … 1本　レモン汁 … 大さじ1
　└ 八角、クローブ（あれば）… 各適量

1 煮る

内鍋にいちじく、Aを入れる。内鍋を本体にセットし、ふたを閉める。

手動で作る ▶ 煮物を作る ▶ まぜない ▶

5分 ▶ スタート

2 シロップを煮詰める

ふたを開けていちじくを取り出し、ふたを閉める。

手動で作る ▶ 煮詰める ▶ 5分 ▶ スタート

ふたを開けて煮詰める。煮詰めるキーがないとき（KN-HW24C）は鍋に移し、弱めの中火で5分ほど煮る。熱を取ってシロップごと密閉容器に入れ、一晩おく。

いちじくコンポート

フルーティでさわやかな甘みが、
口いっぱいに広がります。

牛尾理恵（うしお・りえ）

東京農業大学短期大学部を卒業したのち、栄養士として病院の食事指導に携わる。その後、料理制作会社に勤務したのち、料理研究家として独立。手軽で簡単、おいしくておしゃれなレシピにファンも多い。また、便利な調理器具を使った、時短で役立つメニューにも、定評がある。書籍、雑誌、テレビなど多方面で活躍中。著書に『豆腐からおからパウダーまで！「目からウロコ」の保存＆活用術』（文化出版局刊）など多数。

ブックデザイン　遠矢良一
撮影　広瀬貴子
スタイリング　久保原恵理
料理アシスタント　上田浩子　高橋佳子
校閲　山脇節子
編集　園田聖絵
　　　浅井香織（文化出版局）

協力　シャープ株式会社

ホットクックだからおいしい！
絶品レシピ150

2021年1月31日　第1刷発行
2022年6月10日　第2刷発行

著　者　牛尾理恵
発行者　濱田勝宏
発行所　学校法人文化学園 文化出版局
　　　　〒151-8524　東京都渋谷区代々木3-22-1
　　　　電話03-3299-2565（編集）
　　　　　　　03-3299-2540（営業）
印刷所　凸版印刷株式会社
製本所　大口製本印刷株式会社

文化出版局のホームページ　https://books.bunka.ac.jp/